"十四五"职业教育国家规划教材

汽车维修接待实务
（第2版）

主　编　董劲松　周鹏程
副主编　刘　涛　邹庆嵩　刘　立
参　编　胡　旭　吴火焱

北京理工大学出版社
BEIJING INSTITUTE OF TECHNOLOGY PRESS

内容简介

本书根据汽车类专业教学标准及从事汽车职业的在岗人员对基础知识、概述基本技能和基本素质的需求，结合汽车专业人才培养的目的，内容包括认识汽车售后服务、汽车维修接待概述、维修接待的原则与技巧、维修接待的业务知识、维修客户的行为分析、维修服务顾问应掌握的汽车专业知识和汽车维修接待的基本流程。

本书讲解清晰、简练，配有大量的图片，明了直观。本书按照汽车维修接待作业项目的实际过程，结合目前职业院校流行的模块化教学的实际需求，理论联系实际，重视理论，突出实操。

本书适合作为职业院校汽车专业教材，也可作为汽车售后服务站专业技术人员的培训教材。

版权专有　侵权必究

图书在版编目（CIP）数据

汽车维修接待实务 / 董劲松，周鹏程主编 . —2 版 . —北京：北京理工大学出版社，2023.7 重印

ISBN 978-7-5682-7859-1

Ⅰ.①汽⋯　Ⅱ.①董⋯②周⋯　Ⅲ.①汽车维修业 – 商业服务 – 高等学校 – 教材
Ⅳ.① U472.31

中国版本图书馆 CIP 数据核字（2019）第 249987 号

出版发行 / 北京理工大学出版社有限责任公司
社　　址 / 北京市海淀区中关村南大街 5 号
邮　　编 /100081
电　　话 /（010）68914775（总编室）
　　　　　（010）82562903（教材售后服务热线）
　　　　　（010）68944723（其他图书服务热线）
网　　址 / http：//www.bitpress.com.cn
经　　销 / 全国各地新华书店
印　　刷 / 定州启航印刷有限公司
开　　本 / 787 毫米 ×1092 毫米　1/16
印　　张 /12.5
字　　数 /305 千字
版　　次 /2023 年 7 月第 2 版第 5 次印刷
定　　价 /39.00 元

责任编辑 / 陆世立
文案编辑 / 陆世立
责任校对 / 周瑞红
责任印制 / 边心超

图书出现印装质量问题，请拨打售后服务热线，本社负责调换

前言 PREFACE

　　党的二十大报告指出:"深入实施人才强国战略。培养造就大批德才兼备的高素质人才,是国家和民族长远发展大计。功以才成,业由才广。"随着汽车进入家庭的时代到来,汽车的各类服务也不断需要完善,因此汽车专业就业前景越来越好。据行业测算,一辆新车从购置到报废的全部花费中,购置车辆费用约占30%左右,购车后的燃油、税费、保险、停车等费用约占30%,维修、保养、美容、装饰占40%,按平均每辆车价值10万元计算,其购车后的使用费用高达30万元。截至2022年3月底,全国机动车保有量达4.02亿辆,其中汽车保有量达3.07亿辆,新能源汽车保有量达891.5万辆,占汽车总量的2.90%。汽车后市场行业规模已突破1.3万亿元,预计到2025年,汽车维修和保养等服务的市场规模将达到1.7万亿元。由此可见,培养汽车服务后市场高素质人才是实施人才强国战略的重要一环。

　　国内汽车服务行业的业态和服务有汽车美容、装饰、保养、维修、改装、保险、二手车及金融服务等多种业态;目前从业人员700多万人,按汽车后市场发展,每年需增加50万从业人员。目前从事这个行业的人员,普遍基础和素质偏低,缺少良好的专业基础知识,专业和复合技术人才较缺。面对需求越来越高的消费群体,专业人才的短缺成为行业发展的"瓶颈",中国汽车行业急待提高从业人员的专业技术水平,人才的培训以及职业教育显得尤为重要。

　　作为汽车服务后市场核心组成部分的汽车维修服务行业,汽车维修业务接待已成为汽车维修企业生产经营的重要组成部分,维修接待人员越来越凸显其在汽车维修服务企业中的地位。特别是最近几年来我国的汽车服务业迅猛发展,维修接待人员服务业务的好坏直接关系到汽车维修企业服务质量的好坏,因此汽车维修业务接待受到所有汽车相关企业的高度重视。维修企业服务的工作由接待开始,而服务工作要使顾客认同和满意,必须有优秀的技术水准和良好服务态度的维修接待员。这也对汽车维修接待人员的技术水平提出了更高、更新的要求。

　　针对上述行业需求和职业学校学生的实际状况,本着"校企合作,产教融合"的思路,笔者及所在学校领导、教师很早就开展了汽车专业课程教学与企业生产一线接轨的工作。我们专门组建了汽车专业课程建设委员会，由行业代表、企业经营者、企业管理者、企业生产一线员工同教学一线的教师共同协商汽车类专业课和专业基础课程的课程标准。本教材就是诞生在这样的校企合作基础之上的，许多图片、场景、案例、工作方法及流程直接来自与企业生产一线，经过企业培训师和职业学校专业课教师加工、序列化后成为便于被职业学校学生理解和接受的教材；同时，本教材对于汽车维修服务接待一线员工或者其他汽车服务后市场企业的服务接待员工提升服务质量、企业提升品牌价值也有一定的作用。

本书共分为7个课题，重点介绍认识汽车售后服务、汽车维修接待概述、维修接待的原则与技巧、维修接待的业务知识、维修客户的行为分析、维修服务顾问应掌握的汽车专业知识和汽车维修接待的基本流程。本书图文并茂、通俗易懂，适合作为职业院校汽车专业教材，也可作为汽车售后服务站专业技术人员的培训教材。

本书由武汉市第三职业教育中心董劲松、武汉市第一职业教育中心周鹏程任主编。武汉市第三职业教育中心刘涛、邹庆嵩任副主编。参加编写的还有武汉市第三职业教育中心胡旭、吴火焱。

在此特别感谢提供支持的行业、企业专家，他（她）们分别是：

武汉嘉骏伟泰汽车销售服务有限公司董事长李立志先生；

湖北省汽车服务后市场企业联合会会长、武汉市百年御马房汽车用品制造有限公司董事长喻良宏先生；

湖北惠恒集团王小军董事；

湖北捷瑞汽车玻璃有限公司人力资源部倪争艳经理；

曼芙丽（中国）湖北地区总代理赵恩波先生；

龟牌汽车用品湖北总代理王振广先生。

由于作者水平有限，书中可能会有疏漏和不妥之处，欢迎读者批评指正。

编 者

课程思政教学设计方案

"汽车维修接待实务"课程作为交通运输类专业人才培养的重要环节,对学生的职业生涯规划、价值观念树立和职业发展等都有着潜移默化的影响。

教材将与"汽车维修接待实务"相关课程的思政元素进行了罗列,形成了"汽车维修接待实务"课程思政设计案例,希望教师能够将思政内容与实训教学内容结合,将"社会主义核心价值观、理想信念、职业道德、工匠精神、创新精神"等落地、落实、落细于任务教学过程中,使学生通过"汽车维修接待实务"教学环节的学习,能够实现以知识为载体,树立正确的世界观、人生观、价值观,掌握解决问题的方法,达到育德、育智、育能的统一。

在任务实施过程中,建议教师通过言传身教,将以劳动最光荣、劳动有价值、劳动塑品格及细节决定成败、精益求精、严谨专注、持续创新等为核心的工匠精神的追求和体现,潜移默化地融于训练过程,实现润物无声的思政育人效果。

一、课程思政在学生职业能力方面的培养

结合课程内容,建议从以下方面加强学生职业素养的培养:

1. 培养学生对专业的了解与热爱,加强学生对专业发展、现状及方向的了解;

2. 培养学生沟通交流能力,使学生能够与客户良好地交流与沟通,能够做好接待服务工作,具有较强的口头与书面表达能力、人际沟通能力;

3. 培养学生协商、协调能力,使学生能够与客户进行协商,能与客户建立良好、持久的关系;与各部门进行良好的协调,具有团队精神和协作精神;

4. 培养学生质量与安全意识,加强学生5S、7S的培养,使学生能够认识到安全无小事,增强安全观念;

5. 培养学生劳动能力和规范操作能力,使学生能够动手动脑,勇于创新,按照要求进行规范的操作,按照流程进行检修;

6. 培养学生敬业精神,提高服务水平;

7. 培养学生法治观念,使学生能遵守相关法律、技术规定,保证服务质量;

8. 培养学生自学能力,使学生能自主学习新知识、新技术,能通过各种媒体资源查找所需信息;

10. 培养学生吃苦耐劳、精益求精的工匠精神,能踏实工作、认真负责、严谨求实,不断积累维修经验,从个案中寻找共性。

二、课程思政内容及实施方法

结合课程内容，对课程思政的实施提出以下建议：

1. 结合马克思主义哲学中的相关哲学原理，讲述技术发展与人类社会的需求之间的关系，辩证地看待维修接待过程中的各种问题等；

2. 结合十九大报告提出的当前社会的主要矛盾是人民日益增长的美好生活需要和不平衡不充分的发展之间的矛盾，分析作为汽车后市场的从业人员，如何更好提高人民的满意度，更好地发挥自己的作用，为社会平衡发展和充分发展贡献力量；

3. 结合从业要求，从世界观、人生观、价值观和处理遇到问题的方法、法律法规等方面加强教育，使学生能够树立正确的三观，立志做社会主义的建设者和接班人；

4. 从职业道德角度加强课程思政，让学生能够树立良好的职业道德，了解汽车行业从业人员在职业活动中应该遵循的行为准则，了解从业人员与服务对象、职业与职工、职业与职业之间的关系；做到爱岗敬业，诚实守信，办事公道，服务群众，奉献社会，并不断提高素质修养。

5. 结合中国汽车工业的发展过程和国内汽车行业技术发展，让学生树立"四个自信"，建立为汽车工业发展贡献力量的信心；

6. 课程中结合中国传统文化内容，加强对学生的文化熏陶和教育，结合中国汽车工业中的典型人物、典型事迹等对学生加强教育；

7. 融入汽车行业新技术，通过让学生查阅资料、总结、报告等形式培养学生自学能力，让学生形成终生学习的理念。

目录 CONTENTS

课题一 认识汽车售后服务 ················· 1
  任务一 我国汽车售后服务市场 ················· 1
  任务二 汽车售后服务概述 ················· 8

课题二 汽车维修接待概述 ················· 13
  任务一 认识汽车维修接待 ················· 13
  任务二 汽车维修接待的素质要求 ················· 18
  任务三 汽车维修接待员的职责和职业准则 ················· 37

课题三 维修接待的原则与技巧 ················· 41
  任务一 交谈的原则与技巧 ················· 41
  任务二 倾听的技巧 ················· 44
  任务三 沟通的原则与技巧 ················· 46
  任务四 处理客户异议的原则与技巧 ················· 48
  任务五 处理客户投诉的原则、方法与技巧 ················· 51

课题四 维修接待的业务知识 ················· 59
  任务一 客户关系管理 ················· 59
  任务二 车辆识别和维修配件常识 ················· 67
  任务三 汽车维修合同 ················· 87
  任务四 掌握汽车"三包"知识 ················· 92
  任务五 维修费用预算与结算 ················· 94

课题五 维修客户的行为分析 ················· 98
  任务一 客户期望值分析 ················· 98

任务二　客户满意度分析 ··· 102
　　任务三　赢得客户信赖的对策 ·· 107

课题六　维修服务顾问应掌握的汽车专业知识 ················ 112
　　任务一　汽车常见的维修、维护项目 ···································· 112
　　任务二　汽车美容与美容产品销售 ······································· 135

课题七　汽车维修接待的基本流程 ······························ 143
　　任务一　预约 ··· 144
　　任务二　接待 ··· 151
　　任务三　维修作业 ··· 161
　　任务四　质检 ··· 170
　　任务五　结算、交车 ·· 178
　　任务六　跟踪回访 ··· 184

参考文献 ··· 192

课题一 了解汽车售后服务

学习任务

1. 了解我国汽车售后服务市场的经营模式；
2. 掌握汽车售后服务市场未来的发展方向和经营理念。

任务一 我国汽车售后服务市场

随着我国居民生活水平的不断提高，汽车这一昔日的奢侈品目前已进入千家万户。据中国产业信息网发布的数据，2022年上半年全国汽车保有量达3.1亿辆。随着我国汽车保有量的急剧增加，给汽车售后服务业带来了极大的商机，如果把整车销售作为汽车市场"前市场"，那么维修保养、配件供应、汽车美容、汽车改装等等服务都可以称为汽车"后市场"。在利益驱动下，市场竞争已经从"前市场"转移到售后服务竞争，汽车售后服务业甚至已成为商家赢得市场的关键。但我国的汽车售后服务水平与国外相比还处于初级阶段，从法律法规、经济模式到服务理念、品牌创造都存在巨大的差异。面对如今国外企业的强烈竞争，我国汽车售后服务业必须对国外先进的服务体系进行研究和学习，吸取现有成功案例的经验，不断改进和完善，建立起一套健康、可持续发展的服务体系，才能使我国的汽车售后服务业在巨大的商机中得以更加辉煌的发展。

一、我国汽车售后服务业现状

1. 底子薄，基础差

由于受到计划经济体制的影响，长期以来我国汽车售后服务市场缺乏来自内部的竞争和价值规律强有力的杠杆作用。在我国改革开放初期，公务机构和各类社会团体是汽车用户的主体，对汽车售后服务的要求不高，未能形成对汽车售后服务业发展的足够压力，同时，我国汽车服务业一直受到国家政策的保护，缺乏外来竞争。今天，我国汽车售后服务业虽然得到了很大程度的发展，但仍存在一些服务"盲点"，许多汽车生产厂商建立的销售系统还不能有效地和社会服务系统进行有机整合，其他服务类别也是"各自为政"。这些问题阻碍了我国汽车售后服务业的发展。

2. 相关法律和法规有待完善

我国汽车行业由于制造及销售环节的持续时间过长，对汽车售后服务的关注不足，导致汽车服务市场不够规范。因此，需要建立和完善汽车服务业的相关法律法规来规范市场，促进汽车服务行业健康、稳定地发展。

2004年10月1日，我国的《缺陷汽车产品管理规定》正式实行，规范了汽车召回制度。2013年10月1日，国家质量监督检验检疫总局出台的《家用汽车产品修理、更换、退货责任规定》正式实施。历时近13年，汽车"三包"终于尘埃落定，这意味着国内汽车消费者在购车、用车、修车过程中有了更多的合法权益。有了这些制度的保障和规范，汽车售后服务行业才能真正走上良性的发展轨道。

3. 多种机制并行

从目前的汽车售后服务方式分析，我国汽车售后服务主要有六种经营模式。

▶ **经营模式一：3S/4S店、特约维修站**

3S/4S店或特约维修站（图1-1）是整车厂商主导的非独立渠道。零配件主要通过整车厂商的销售部门直接到达3S/4S店或特约维修站，少部分也会走分销渠道。这类渠道目前从数量上只占总数的10%，但由于依靠汽车生产厂家，所以销售规模很大，占了52%的市场份额。

3S/4S店或特约维修站一般整体形象好，服务系统周到、专业，投资成本高，服务费昂贵，维修车型单一，人员素质高，管理系统流程化，维修、配件质量有保障，有整车厂商的支持和监督，地理位置有一定局限性，除大修外，留住常客有难度。

图1-1 3S/4S店、特约维修站

经营模式二：传统大中型维修企业

这种企业存在的时间比较长，厂房面积大，设备多，维修人员经验丰富，投资成本高，服务收费高，服务意识差，机制不够灵活，有一大批公司、政府客户，和保险公司通常有较好的合作关系，环境不好，服务时长。

经营模式三：路边店

路边店（图1-2）的规模小，但地理位置往往方便停车保养维修，占地少，投资低，多为临时经营性质，人员少，技术水平较低，维修质量一般，收费低，常规服务速度快。

经营模式四：专项维修店

专项维修店都有至少一项技术专长，形象不错，服务快捷，投资低，场地及人员要求不高，专项维修技术高，专项服务规范化、系统化，质量有保证，服务项目比较单一。

图1-2 路边汽车维修店

经营模式五：快修连锁店

快修连锁店是近几年才开始在国内兴起的，依托强势品牌，形象好，连锁企业网点多，且靠近车主活动区域，投资适中，人员及场地要求一般，通常有统一的服务、收费规范和服务质量承诺。快修连锁店也存在维修水平良莠不齐的现象。

经营模式六：汽车俱乐部

汽车俱乐部是提供汽车救援和各种便利性服务的全方位汽车保障机构，融汽车服务、汽车文化与汽车运动为一体。汽车俱乐部的主要服务内容有汽车租赁、保险索赔、事故处理、车辆救援、维护与修理、经验交流、信息交流、休闲娱乐等，是专为有车单位或有车一族服务的高级会所。

汽车俱乐部采用会员制，以技术过硬、设备齐全、服务周到的汽车修理厂为依托，与商场、宾馆、加油站、旅游等单位联手建立各地的服务网络，从购车到汽车美容，从娱乐到旅游、购物等，只要有一张会员卡，就能享受到最优惠的价格、最优质的服务。汽车俱乐部在发达的欧美国家较为流行，我国还比较少。

4. 市场秩序混乱

目前，我国汽车售后服务市场秩序混乱。市场运作混乱，尤其是流通领域，混乱发展的局面十分明显，价格体系和执行标准混乱。在汽车流通领域、汽车维修服务领域、汽车保险领域和厂商的质量维修环节普遍存在着服务透明度低、收费混乱的现象，市场竞争秩序混乱。

5. 品牌优势不突出

我国汽车售后服务企业规模较小，持续经营能力差，品牌服务观念不突出。相对国外连锁化汽车售后服务巨头来说，国内的汽车售后服务企业普遍缺乏品牌服务观念，体现不出差异化服务。

6. 专业人才不足

近几年来，由于汽车产业的较快发展，需要大量人员的加入。但是，相关培训又较少，导致从业人员不能及时进行自我知识更新，造成目前汽车售后服务专业人才相对短缺。企业缺乏提高服务规范的推动力，不能满足消费者日益提升的汽车售后服务需求。人员知识结构的不合理，也制约了汽车售后服务的快速发展。

7. 服务理念落后

国外汽车售后服务的立足点是提高保质期限，保证正常使用期，推行"保姆式"品牌服务，而国内汽车售后服务的立足点是"坏了保证修理"。国外售后服务内容丰富，零配件销售、维修和保养"一条龙"服务，而国内则维修服务内容单一。相对国外的汽车售后服务，国内汽车售后服务的意识和理念落后。

二、汽车售后服务业务发展策略

1. 树立新型售后服务理念

树立新型的售后服务理念，把售后服务作为维护品牌、追求服务差异化、提高企业形象、参与国际竞争和全球一体化、全面进军国际市场的有力保障。某汽车销售企业就是把售后服务管理作为其汽车产品质量的延伸，奉行"用户第一，质量第一"的经营宗旨，在激烈的市场竞争中获得了市场信誉和经济效益。

2. 打造一支过硬的业务和技术骨干队伍

汽车售后服务虽然是一项商业性的工作，但它也是一项技术性很强的工作。因此，要有一支强大的售后服务技术骨干队伍，定期开展业务技术培训，有条件的企业可委托院校代为培训，不断充实技术人员的专业技术知识，才能使他们适应不断变化的市场形势，更好地开展售后服务工作。

3. 提高管理层的人员素质

企业管理层的人员素质是关系企业兴衰、影响企业效益的关键因素。随着我国市场开放的深入，国外的汽车品牌纷纷进入，因此，汽车售后服务业要与国际接轨。我们迫切需要既精通外语，又具有一定管理能力，同时还要熟悉国际法则的高素质经营管理人才。

4. 建立维修网络

建立强大的售后服务网络载体，为售后服务的高效、快速开展提供可靠的保障。例如，世界著名品牌汽车企业——奔驰公司就建立了世界上最庞大的维修服务系统，在德国有3 000家奔驰汽车维修站，在17个国家设有4 000家维修服务网点。如果客户在途中发生故障，打个电话维修部门就能派人驾车前来修理，尽量当天完成。因此，奔驰汽车在德国及世界各地广受用户欢迎。

5. 建立完善的信息反馈系统

要想取得和保持售后服务的优势，需要获得各方面的最新而准确的信息。通过对收集的信息进行整理和分析，为企业的经营决策提供参考。汽车售后服务企业通过对故障新车准备、质量担保、专题跟踪、网点巡视、用户投诉、生产质量、新产品、网点的经营管理情况等信息的收集与整理，建立完善的用户信息管理系统、内部故障信息反馈和改进渠道、重大和批量用户故障反应机制系统、网点考核管理系统和产品信息系统等。针对网点反馈信息和相关部门发现的重要疑难故障，由售后服务部门成立专门小组，依照专门的工作流程，对网点进行援助和指导，使企业在竞争中取得优势。

三、汽车售后服务品牌化策略

针对不同汽车用户的不同需要，根据企业产品自身的特色、客户的需求，以及企业自身的能力来设计服务项目。给特设服务项目赋予特定的内容、程序和规范，并加以命名，使之形成一个个性化、符号化的服务，形成自己的服务品牌。汽车产品服务品牌角色应该定位为一个企业的连带品牌。所谓连带品牌，即自身品牌附加于汽车产品主品牌之上，在品牌表现时，应将这一附加品牌与主品牌一同列出。汽车售后服务品牌化，关键在于准确定位和实现方式的选择。

通过汽车产品服务品牌，能够让客户明确地识别并记住品牌服务的利益与个性，促使用户认同、喜欢乃至偏爱一个品牌。成功的汽车售后服务品牌的实现，要根据企业产品自身的特色、客户的需求，以及企业自身的能力来设计，而不是过度地追求服务的响应时间、完成速度及服务时间。

表1-1是我国部分汽车服务品牌列表。

表 1-1 我国部分汽车服务品牌列表

汽车厂家	服务品牌	发布时间	服务内容
广州本田	钻石级服务	1999 年	在国内首创整车销售、售后服务、零配件供应、信息反馈"四位一体"体系，如今发展到"八位一体"，甚至"十位一体"，服务项目覆盖了二手车、汽车金融、保险、车友俱乐部等领域
上海通用	别克关怀	2002 年 11 月 15 日	以"比你更关心你"为核心，强调售后服务的主动性，要求售后服务人员比你更关心你的车，主动担当你的义务汽车保养顾问，并重视你在体验整个服务过程中的心理感受。同时还推出六项标准化"关心服务"
一汽奥迪	恒久关爱		主要向奥迪用户提供定期服务，包括定期上门检测和免费维修服务
一汽马自达	全心管家式服务	2003 年 7 月 15 日	身为管家，要做的就是提醒主人想不到的事情，为主人细心、周到地管理好自己的每一份财产。一汽马自达推出的全心管家式服务就是基于上述的理念，让消费者享受到连他自己都意想不到的便捷服务。用心、细心加上爱心，这就是全心管家式服务品牌的全部理念
北京现代	真心伴全程	2003 年	让每一个车主都享受到高质量的售后服务的同时，又照顾到不同用户的需求，在细节之处，体贴周到，不光要想车主之所想，而且要比车主想得更多，竭力让车主真正地舒心、省心、称心
奔驰中国	星徽理念	2004 年	"星徽理念"是 Autohaus 的中译名，即通过对销售服务中心的详细综合规划，融合高雅、时尚的建筑设计和最先进的技术，建造具有统一外观的汽车展厅和工作车间，通过对销售、维修、零配件三位一体的功能组合，让用户在购车和保养维修等各个环节都可以获得完美的体验，并且能够在梅赛德斯 – 奔驰特有的销售服务理念与文化氛围之中，更好地享受梅赛德斯 – 奔驰的全球化服务承诺
华泰现代	全能选手，全心服务	2004 年	提出打造服务品牌战略，学习海尔服务模式，以"服务速度"取胜，创造华泰"全能选手，全心服务"的服务新理念
长安铃木	真情服务	2004 年	服务环境标准化，服务流程一体化，服务礼仪规范化，个性服务差异化
东风雪铁龙	家一样关怀	2004 年	拥有一整套优质服务体系，体现主动关怀、全程关怀、诚挚关怀、专业关怀、紧急关怀、温馨关怀、全面关怀七项服务承诺
东风日产	五个安心	2005 年	承诺让客户享受"质量安心、费用安心、修后安心、时间安心和紧急时安心"的五个安心服务
东风标致	蓝色承诺	2005 年	将"维修前的正式书面估价、公示的备件价格表和维修工时表、365 天全年无休的救援服务"等九项人性化、透明化服务做出公开承诺，并明文公布实施
长安福特	Quality Care	2005 年	以客户为关注中心，包括三个组成部分：5S 管理、客户关系管理及十二步关键流程，其中核心内容是贯穿于整个服务过程的十二步关键流程，它包括主动客户接触、客户预约、互动式接待、目录式报价与价格承诺、客户关怀、配件预先拣料、车间工作排程、品质控制、完工出票、信息提供与交车、服务后客户跟踪及客户问题解决和预防等

续 表

汽车厂家	服务品牌	发布时间	服务内容
南京菲亚特	简捷生活	2005年	通过"小修快修绿色通道"、"大修理赔快速通道"、"全国汽车救援联盟"等众多服务举措和自己不断的努力提供给所有菲亚特车主最便捷的服务,使他们能够更好地享受有车的生活
长城汽车	专业服务 用心呵护	2005年下半年	以更加专业的维修技能和家一般的体贴来服务客户的爱车,在服务中把亲人、朋友的关爱送到用户面前,让用户感到一种亲人般的关怀,不管走到哪里都有家人的用心呵护
北京奔驰	服务驿站	2005年10月	出行期间,各售后服务网点不仅向用户提供出行前后保养等基于车辆的保障,同时还将售后服务进行升级,为车主提供一系列别具特色的服务,例如旅游咨询、当地风俗名胜、酒店宾馆推荐等,另外如果用户需要,还可以对车主进行特殊路段驾驶技巧、车辆保养的培训
上海大众	Techcare 大众关爱	2005年10月	通过专业化的销售服务、二手车置换服务、汽车金融服务、附件服务以及维系客户忠诚度的车友俱乐部团队等六大服务支柱,提供买车、用车、装饰车、换车等360度全方位增值服务
吉利汽车	关爱在细微处	2005年	推行"吉利三宝"、"百大关爱"等人性化服务,同时逐步推出标准服务核心流程、专用工具配备、客户投诉闭环管理办法、成立呼叫中心等服务
东风悦达起亚	千里易站	2006年	成立了全国呼叫中心,以最快的速度、最佳的服务满足用户需求。从2006年9月1日起东风悦达起亚销售的所有非营运用车辆,在整车保修3年/5万千米的基础上,发动机、变速器的保修期延长为5年/10万千米
奇瑞汽车	快·乐体验	2006年3月15日	"快"传递奇瑞服务的快捷、高效; "·"代表奇瑞服务脚踏实地从一点一滴做起,同时标志着奇瑞带给用户满意的服务新起点; "乐"代表奇瑞服务为用户带来的满意和开心,满意是每一位用户的需求; "体验"表示从用户角度出发,以用户的服务体验作为检验奇瑞服务的最终标准,让用户在享受服务的过程中真正体会到奇瑞服务的方便、快捷
华晨汽车	一路有我	2006年	核心是安全、品质加服务,推出免费检测、免费试车、进站有礼、修车8折、购车一条龙等多种形式的服务内容,首创"10年20万千米"超长服务
海马汽车	蓝色扳手	2006年	建立以"专业服务、维修质量、价格透明、增值服务和纯正配件"五大要素为标志的全新服务理念

任务二　汽车售后服务概述

一、汽车售后服务的概念

1. 服务

服务一般是指服务提供者通过提供必要的手段和方法,满足接受对象需求的过程。在这个过程中,服务的供应方通过运用各种必要的手段和方法,使接受服务对象的需求得到满足。

服务的基本特征如下:

(1) 无形性

相对于实体货物而言,服务很少是可触摸的,纯服务中很少或没有货物,主要或全部由不可触摸的要素组成。

(2) 同时性

服务的生产与消费是无法分开的,即服务的产生与消费同时发生,也称为"生产与消费不可分性"。

(3) 可变性

服务的质量和水平与服务提供者、服务接受者和时间等因素密切相关,甚至随着这些因素而发生变动,因此服务比生产和货物的消费有更大的可变性。

(4) 不可存储性

服务是一种不能存储的客户体验和经历,而不像有形产品那样可放在某处存储。

2. 汽车售后服务范畴

汽车售后服务是指将与汽车相关的要素同客户进行交互作用或由客户对其占有活动的集合。

根据汽车在使用过程中服务的范围不同,汽车售后服务可分为狭义的汽车售后服务和广义的汽车售后服务两种。

（1）狭义的汽车售后服务

狭义的汽车售后服务指从新车进入流通领域，直至其使用后回收报废的各个环节涉及的各类服务。它包括汽车营销服务（如销售、广告宣传、贷款与保险资讯等）以及整车销售后与汽车使用相关的服务（如维修与保养、车内装饰、金融服务、车辆保险、"三包"索赔、二手车交易、废车回收、事故救援和汽车文化等）。

（2）广义的汽车售后服务

广义的汽车售后服务可延伸至原材料供应、产品开发、设计、质量控制、产品外包装设计以及市场调研等汽车生产领域。

我们通常所说的汽车售后服务，一般是指汽车在售出之后维修和保养所使用的零配件和服务，包括汽车零配件销售、汽车修理服务、汽车美容养护三大类。

一言概之，从汽车下线进入用户群开始，到整车成为废弃物为止的全过程，都是汽车后市场各环节服务所关注的范畴。它可能在售前进行，也可能在售时进行，但更多的是在车辆售出后，按期限所进行的质量保修、维修、技术咨询，以及零配件供应等一系列服务工作。这些服务内容称为传统服务，而在现代理念指导下的汽车售后服务就不仅局限于传统服务，其所包含的内容将更新、更广。

二、汽车售后服务的内涵

1. 汽车售后服务的目标是满足客户需求，实现客户满意

汽车售后服务的终极目标是实现客户满意。汽车售后服务的本质是服务，汽车售后服务的质量是汽车售后服务企业的生命。用户的满意程度反映了对汽车售后服务的认同程度，因此，汽车售后服务以提高客户满意度为中心，突出服务质量。

2. 汽车售后服务的精髓是汽车售后服务系统的整合，一体化思想是其基本思想

汽车售后服务链是指把整个汽车售后服务系统从原材料采购开始，经过生产、仓储、运输及配送到达用户手上，以及用户使用过程的整个过程看做一条环环相扣的链，努力通过应用系统的、综合的、一体化的先进理念和先进管理技术，在错综复杂的市场关系中使汽车售后服务链不断延长，并通过市场机制使得整个社会的汽车售后服务网络实现系统总成本最小化。

3. 现代汽车售后服务的界定标志是信息技术

现代汽车售后服务与传统汽车售后服务的区别在于，现代汽车售后服务是以信息作为技术支撑来实现其整合功能的。现代汽车售后服务对信息技术的依赖达到了空前的程度，可以说，现代信息技术是现代汽车售后服务的灵魂。现代汽车售后服务和信息技术融为一体，密不可分。

4. 现代汽车售后服务呈现出系统化、专业化、网络化、电子化和全球化的趋势

汽车售后服务系统化是系统科学在汽车售后服务中应用的结果。人们利用系统科学的思想和方法建立汽车售后服务体系，包括宏观汽车售后服务系统和微观汽车售后服务系统。从系统科学的角度看，汽车售后服务系统也是社会大系统的一部分。现代汽车售后服务从系统的角度统筹规划和整合各种与汽车售后服务相关的活动。现代汽车售后服务系统的运行过程追求系统整体活动的最优化，不追求单个活动的最优化。

5. 可持续发展是现代汽车售后服务的重要内容

汽车行业的迅速发展，造成的最直接后果是汽车保有量的激增，使城市交通阻塞，噪声与尾气污染加重，对环境产生了较大的负面影响，增加了环境负担。现代汽车售后服务要从节能与环境保护的角度对汽车售后服务体系进行改进，不断提高汽车售后服务水平，促进经济的可持续发展。

三、汽车售后服务的主要特征

1. 系统性

汽车售后服务的主要特点是系统性。汽车售后服务所涉及的主要内容由原材料和零配件供应、物流配送、售后服务、维修检测、美容装饰、智能交通和回收解体等相互关联组成一个有机的整体。它运用系统的思想和现代化的科学管理方法，以及最新的手段，将分散的、"各自为政"的局部利益，巧妙地连接在一起，形成了一个各部分有机结合的系统服务工程。

2. 经济性

国际汽车市场上，汽车销售和售后服务的利润水平都很高。在美国，汽车售后服务业被誉为"黄金产业"。在欧洲，汽车售后服务业也是汽车产业获利的主要来源。有关统计显示，从销售额看，国外成熟汽车市场中配件占39%，制造商占21%，零售占7%，服务占33%。而国内汽车市场中配件占37%，制造商占43%，零售占8%，服务占12%，数据显示目前国内汽车销售额中制造商的比例依然偏大，如图1-3所示。

从销售利润看，国外成熟汽车市场中整车的销售利润约占整个汽车业利润的20%，零部件供应的利润约占20%，而50%～60%的利润是在服务领域中产生的。以美国为例，美国汽车售后服务业年产值高达1 400亿美元，汽车维修业的利润率达到27%。

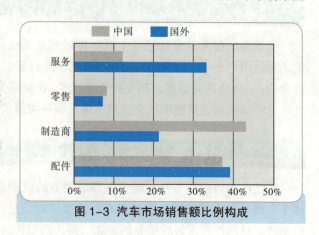

图1-3 汽车市场销售额比例构成

3. 广泛性

汽车售后服务系统涉及的因素很多，涉及的学科领域也较广。从逻辑学的层面上讲，汽车售后服务系统涉及系统设计、系统综合、系统优化和最优决策等各个方面；从时间关系看，包括规划、拟定、分析和运筹等各个阶段。

4. 后进性

汽车售后服务活动作为客观存在的实体已经有很长的时间了，是伴随着汽车的诞生而发生的。而汽车售后服务工程的形成仅有短短的几十年时间。汽车售后服务技术的发展落后于汽车制造技术的发展，汽车售后服务工程的产生要比汽车运用和制造的历史短暂，即后进性。主要表现在以下两个方面：

表现1：汽车售后服务工程是融合了许多相邻学科的成果以后逐渐形成和发展的

电子技术、系统工程和技术经济学等都是汽车售后服务工程学科形成的重要基础。汽车售后服务工程学科对实践的指导作用、对社会经济和生产发展的价值体现，也必然依赖于相关学科的支持才能得以实现。因此，汽车售后服务工程只能在这些学科出现之后才能得以诞生和发展。

表现2：汽车售后服务水平在不断提高并逐步走向现代化

随着生产水平的提高和科技水平的发展，传统的依靠人的经验来进行汽车故障的检测，已变成依靠智能化仪器来自动进行汽车故障的检测，但其从属地位没有发生改变，极大地限制了汽车售后服务工程的发展。只有到了生产高度发展和产品较为丰富的时期，服务成本相对上升的矛盾突出后，汽车售后服务工程的重要性才被人们认识，从而促进汽车售后服务工程的研究和发展。也就是说，汽车售后服务工程是在生产发展到一定水平之后，适应社会经济的需要才产生的，这是造成汽车售后服务工程后进性的根本原因所在。

简答题

1. 据中国产业信息网发布的数据，2022年上半年全国汽车保有量是多少亿辆？

2. 我国的《缺陷汽车产品管理规定》是在什么时候正式实行的？

3. 国家质量监督检验检疫总局出台的《家用汽车产品修理、更换、退货责任规定》是在什么时候正式实施的？

课题二
汽车维修接待概述

学习任务

1. 了解汽车维修接待在维修企业发展中的作用与重要性；
2. 掌握维修接待过程中的基本礼仪与礼仪规范。

任务一 认识汽车维修接待

随着汽车保有量的增加，汽车拥有者的身份不尽相同，也就形成了客户需求的多样性。汽车维修企业为满足客户需求，树立企业形象，提高企业的竞争力，纷纷在企业内开展顾问式服务，设置汽车维修接待这一个岗位。经过几年的发展，维修接待已逐步成为汽车维修企业经营管理中的一个十分重要的岗位。维修接待的好坏已成为衡量维修企业好坏的直接规范，汽车制造厂商也将业务接待作为企业营销战略的一个重要组成部分。

一、汽车维修接待的工作内容

1. 预约

- 应掌握维修时间与工作动态；
- 应掌握配件库动态情况；
- 向客户提出合理的约定时间，若客户对约定时间有异议，应根据客户要求另约时间；
- 应开展电话预约登记服务。

2. 接待

　　●应主动迎接客户，主动使用规定的文明用语，礼貌待客，主动规范，使用户等候时间不超过 2min；
　　●对于第一次来访客户，应主动自我介绍，态度热情、友好；
　　●真诚待客，不得以任何理由推诿、搪塞客户；
　　●确认客户姓名、所修车种、车型或拜访目的；
　　●请客户阐述故障现象，确保完全理解客户意图；
　　●归纳要点、简短、明确地重复客户的要求；
　　●对客户的要求做出答复；
　　●业务电话响三声必须保证通话。

3. 故障诊断

　　●接修前，服务顾问应与客户一起对车辆外观、附件、车内物品进行检查，并将检查结果记录在《进厂检验单》上，如果车内有贵重物品，应提醒客户带走或妥善保管；
　　●修理前，服务顾问必须向客户正确地描述车辆的故障现象，不允许漏项；
　　●修理过程中发现潜在故障，服务顾问应主动告知客户，按客户要求维修。

4. 达成协议

　　●仔细记录客户姓名、地址、电话及客户车辆使用情况、维修历史，确保记录正确；
　　●确定完工时间和旧料处理方法，并让客户知晓；
　　●确定结算付款方式；
　　●将客户的具体修理要求仔细地记录在《维修委托书》上，并让客户审阅，签字认可；
　　●达成协议后，铺好垫套，送往维修车间。

5. 交付车辆

　　●交车之前应把车辆清洗干净；
　　●由原接车服务顾问交付车辆，不耽误客户取车时间；
　　●修理中换下的零件应让客户过目；
　　●应详细向客户解释发票所列项目，如实介绍修理过程，使客户放心。

6. 跟踪服务

　　●应及时建立客户档案；
　　●掌握跟踪服务的进展情况，及时进行信息反馈；
　　●有效地解决跟踪服务中出现的问题，如客户申诉超出服务顾问的权限，应及时向上汇报，避免事态扩大。

二、汽车维修接待的重要性

进入 21 世纪以来，汽车维修接待已逐步成为汽车维修企业经营管理的重要组成部分，维修服务顾问越来越突显其在汽车维修服务企业中的地位。特别是最近几年来，我国的汽车服务业迅猛发展，人们常把维修服务顾问服务业务的好坏作为衡量汽车维修企业服务质量好坏的标准。客户是这样看，绝大部分汽车维修企业的管理经营者也是如此，这就说明维修服务顾问在维修企业软环境上的重要性。

维修企业服务的工作由好的接待开始，而服务工作要使客户认定和满意，必须有优秀的技术水准与良好的维修服务顾问。即使在技术水准方面做得很好，但如在接待客户时，使其感觉不亲切或不满意，这也会对我们所提供的服务大打折扣。因此要使无形的接待服务变得有价值，那就必须由维修服务顾问对本身职务有所认识，如此方能发挥接待的功能。

> 譬如在维修企业遇到某些这样的事：
>
> 1）客户到来无人重视，无人问津；
> 2）回答汽车或维修技术问题含糊其辞，且模棱两可，非常不专业；
> 3）故障诊断不准，甚至有误；
> 4）维修环境差，维修设备和资料不齐全；
> 5）用副厂件配件或其他件配件冒充原厂配件；
> 6）价格不规范，不明码标价，收费不合理。

不管遇上一件还是几件这样的事，都会引起客户的不满。客户一定会得出这样的结论：这个地方管理差，不正规；服务态度差，没把客户当回事，更无沟通可言；维修环境条件差，维修质量无保证，车在这里修不放心。

这真实地反映了客观现实和当今社会客户的心理。现在已经不再是过去计划经济时代卖方市场了，客户可以有多种选择，在这里不满意可另找他处。存在上述情况的维修企业都有客源少、回头客少和业务少等现象。一些维修企业的管理者误认为业务接待岗位是可有可无的，被眼前的小利冲昏头脑致使大批客源流失。

从维修企业自身角度出发，设置维修接待岗位要从全局考虑。维修接待人员要精心挑选并经过严格的培训。维修接待人员在整个服务过程中起到了纽带的作用，他（她）们把业务接待、检验、维修、配件、销售、收银等管理环节统一协调起来，有分工有合作，步调一致地完成维修企业的各项经营活动。因此维修接待人员在上岗前要经过专业的培训。

维修接待将会使维修企业焕发活力，带来效益。维修接待的重要性集中表现在以下这两个方面：

表现 1

维修接待是服务行业实现现代化管理中不可或缺的步骤，维修服务顾问的设立，体现了经营理念的转变和管理的日臻完善。

> **表现 2**
>
> 维修接待有效地将维修服务过程中每个环节联系起来,细化分工,明确了职责,提高了工作效率。

三、汽车维修接待的作用

客户进入维修企业,第一步踏入的是维修企业的接待大厅,如图 2-1 所示,大厅的环境影响着企业在客户心中的第一印象。

图 2-1 广州本田接待大厅

因此,业务接待大厅的设置要从全盘考虑,布置要结合所修的主导车型进行个性化设计,力求具有较强的舒适性、较好的亲和力,力显庄重性和技术性。加强业务接待人员素养培训,提高接待人员的服务水平和素质,使客户信任企业,使客户愿意在企业修车,从而将客户变为企业的"回头客"。

如图 2-2 所示为客户满意与特约店收益的关系。

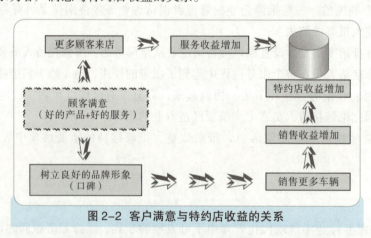

图 2-2 客户满意与特约店收益的关系

从众多企业的成功经验来看,只有在汽车维修接待这个"第一窗口"彻底改善服务,才能降低客户不满意的发生。可见,汽车维修企业的发展有着至关重要的作用。

作用1：窗口作用

　　汽车维修企业的形象主要由企业文化、企业效率、企业信誉及经营环境等要素组成。良好的企业形象会在公众中产生深刻的认同感和信任感，进而转化为巨大的经济效益。维修接待员在客户中的形象就是企业形象的直接反映，是企业形象的"窗口"，其言谈举止、待人接物、服务水平等直接关系到企业形象的好坏。

作用2：桥梁作用

　　维修接待员有很多种不同的称谓，如维修服务顾问、维修顾问、接待专员、诊断顾问等。维修接待岗位工作人员的重要性体现在于他是客户进厂碰到的第一人，是和客户接触时间最多的一个人。如果维修接待员的服务好、客户信赖高，也可能是客户在维修服务中心唯一接触的人。因为客户的时间有限、专业不足，所以很容易将爱车交给维修接待员后就放心等待结果。从理论上讲，来维修企业维修车辆的客户是由维修接待员从头到尾完成接待工作的。

作用3：影响收益

　　赢得客户的忠诚是企业整个集体的责任，也是企业盈利的关键。因此，各个部门之间应当密切配合。销售部门每卖出一辆车，就有责任把这个新的客户带到维修部，介绍给维修部。因为销售部门的客户很有可能将来会成为维修部门的忠诚客户。而维修部门的责任是当发现他们的客户有购买动机的时候，就必须把这个客户介绍给销售部门。这样，使客户能够再回过头来购买新车。

作用4：反映企业整体的服务、技术和管理水平

　　维修企业整体素质的高低，无论是有关技术的还是管理的，都可以从维修服务顾问身上反映出来。维修服务顾问在接车、估价等环节中所表现出的解决问题和处理问题的能力，直接体现了维修企业技术水平的高低；维修服务顾问从接车到交车的全过程中所表现出的工作条理性和周密性，具体体现了维修企业服务和管理水平的高低。

　　如果维修接待员服务好，则客户对企业的信赖度就高。

　　另外，在客户的信任下，随着维修接待专业能力的不断提高，其所扮演的角色就是如何建议客户做最好的维修项目，以保障车辆的长期使用。因此，维修接待员的专业性为客户所信赖，同时只要说服力强，就可以向客户提最合理的建议，这是维修企业重要的业绩来源，同时有助于业绩的稳定提升。

　　维修接待员需掌握汽车维修企业的工作流程及工作进度，其目的是确认客户的车辆维修进度，了解能否在客户认知的时间内顺利完成，或者告知客户车辆的维修状况。

　　最后，维修接待员为客户检查车辆，让客户从进企业到交车能接受完整的服务，达到客户满意的目的，从而提高客户满意度，最终提高客户对汽车品牌的忠诚度和对汽车维修企业的忠诚度。

任务二　汽车维修接待的素质要求

汽车维修企业中的服务顾问岗位至关重要，因此，本任务以服务顾问工作岗位为主来讨论汽车维修服务从业人员的素质要求。

根据汽车4S店的现状调查和汽车工业的发展水平来看，一个合格的汽车维修服务顾问必须具备下列条件。

条件1

具有汽车维修专业大专以上文化程度，或者取得中级维修工技术证书，以及具有在维修岗位3~5年以上的工作经验。

条件2

身体健康、品貌端正，普通话流利，具有较强的表达能力和应变能力。

条件3

熟悉国家和汽车维修行业有关价格、法律、法规、政策。

条件4

了解汽车维修、汽车材料、汽车零配件知识以及汽车保险知识等，并有一定相关工作经历。

条件5

接受过专业业务接待技巧的培训。

条件6

具备一定的财务知识，熟悉汽车维修价格结算流程。

条件7

有驾驶证，能熟练驾驶汽车，熟悉计算机一般操作。

条件 8

有高度的责任心和良好的职业道德。

条件 9

接受过专业培训，经主管部门考核达到上岗要求。

一、服务顾问的职业道德

汽车维修服务顾问的职业道德规范是指维修服务顾问在汽车维修接待工作过程中必须遵循的道德规范和行为准则。

维修服务顾问的职业道德规范是在汽车维修职业道德的指导下，结合实际业务接待的工作特征逐步形成的。由此，汽车维修服务顾问的职业道德规范可归纳为"真诚待客，服务周到，收费合理，保证质量"。

▶▶ 职业道德一：真诚待客

真诚待客是指积极主动、热情、耐心地对待客户；做到认真聆听客户的述说，耐心回答客户提出的问题，必要时做好记录；换位思考，设身处地地理解客户的期望与要求，最大限度地与客户达成共识。

客户到维修企业，无论是要修车、选购零配件还是咨询有关事宜，一般有两个要求：
- 对物质的要求：希望能得到满意的商品；
- 对精神的要求：希望他（她）们的到来能受到重视，能得到热情、友好的接待。

若维修服务顾问真正按"真诚待客"的要求接待了客户，对待客户表示热情欢迎、尊重、友好和关注，则可以在无形中打动客户。客户在精神上得到满足和对维修服务顾问的好感，内心感到维修服务顾问可亲可信，自然会延伸到客户对这家维修企业产生好感与信任。真诚待客做得好，也给客户在下一步与维修企业要进行的经营活动奠定了良好的基础。

另外，对待老客户也要维护好维修企业已形成的良好关系，不要因为已经熟识而怠慢客户。前后一致、亲疏一致，是非常重要的。

▶▶ 职业道德二：服务周到

服务周到是指在修前、修中和修后向客户提供全方位的优质贴心的服务。
- 修前服务：
  · 认真倾听客户对车辆故障的描述；
  · 迅速准确诊断汽车故障；

- 对维修内容、估算费用和完工时间进行详细说明，并使之认可；
- 向客户提供有关汽车保养等方面的一些小建议、小提醒和其他有关信息。

● 修中服务：
- 修理项目要合理，避免重复收费和无故增加不必要的修理项目和费用；
- 需要增加维修项目时，要耐心、详细地向客户说明，同时要征得客户认可；
- 随时了解生产部门的维修进度，督促相关维修技术员按时完工。如发现不能按时完工，要及早告知客户，说明缘由，取得客户的谅解；
- 结算前要向客户详细说明维修内容、维修费用的组成，并征得客户同意。交车时要简要介绍修车过程中的一些特殊情况、车子现在的状况及使用当中应注意的问题等。

● 修后服务：
- 建立新客户和车辆的档案，完善老客户车辆维修技术档案；
- 回访。回访客户时要热情、诚恳，对客户提出的所有问题要认真、如实回答。对一些疑问要耐心解释，必要时要勇于承担责任，不可推诿和敷衍，对客户的表扬和建议要表示感谢；
- 处理好质量投诉。处理客户投诉时，切忌当着客户的面责怪工人或当着工人的面责怪客户；
- 做好电话跟踪服务。

职业道德三：收费合理

汽车维修企业在承接汽车维修业务时，要做到价格公道，严格按照交通行政管理部门制定的汽车维修工时定额和收费规范核定企业的维修价格，也就是收费合理。不乱报工时，不高估，不小修当大修，更不可采取不正当的经营手段招揽业务。对行业的不正之风，维修接待都应该自觉抵制。

收费合理，还体现在严格按照工作单上登记的维护、修理项目内容进行收费，不能为了达到多收费的目的，擅自改变修理范围和内容，更不能偷工减料，以次充好。这种做法，既有悖于汽车维修职业道德的要求，也是一种自毁信誉、自砸牌子的短视行为。

职业道德四：保证质量

保证质量主要是指保证车辆维修的质量。车辆维修过程中各工序要严格按照技术要求和操作规范进行生产；使用的原材料及零配件的规格、性能符合规定；按规定的程序严格进行检验与测试；车辆故障完全排除，原来丧失的功能得以恢复；车辆使用寿命得以延长等。

汽车维修质量是修车客户最关注的问题。修车质量好，客户满意，其他存在的一些小争议、小问题都会变得微不足道。由此可见，保证维修质量就是保障了利益，亦是保证维修服务中心继续在市场竞争中取得优势之举。

二、服务顾问的业务能力

为完成其职责所需要具备的素质称为专业素质。汽车维修服务顾问需要掌握维修技术、客户服务、客户沟通等专业知识和技巧,在与客户的交流过程中能够从技术和服务两个方面为客户进行解释和劝说,让客户接受。

▶▶ 业务能力一:熟练的专业技能

作为一名合格的维修服务顾问,必须具备熟练的专业技能。维修服务顾问根据其工作的需要,应掌握相关业务知识。

第一,熟悉国家和汽车维修行业有关价格、保险、索赔等方面的法律、法规和政策;

第二,熟悉和了解汽车维修专业知识,如汽车的类型及特征、汽车构造及基本原理、汽车材料及零配件知识、汽车维修工艺流程、常见故障,以及检测设备的主要用途、各种工艺特点及成本构成,并具有一定的维修技能及经验;

第三,掌握一定财务知识,懂得汽车维修收费结算流程;

第四,要适应企业现代化管理的要求,会开车,能熟练操作计算机运用相关软件进行本专业的辅助管理工作。

▶▶ 业务能力二:优雅的形体语言及其表达技巧

人的气质通过优雅的形体语言及其表达技巧表现出来。掌握优雅的形体语言及其表达技巧,能体现出维修服务顾问的专业素质。

▶▶ 业务能力三:思维敏捷,具备对客户心理的洞察力

维修服务顾问要思维敏捷,并具备对客户的洞察力,能洞察客户的心理活动。对客户心理活动的洞察力是处理好客户投诉工作的关键。

▶▶ 业务能力四:沟通协调能力

维修服务顾问在工作岗位上,每天都要与客户及其他岗位的同事打交道。所以,沟通协调能力是维修服务顾问的岗位要求之一。

维修接待工作虽然体现的是个人的能力,但是缺少不了集体的配合和支持。维修服务顾问在整个车辆维修业务流程中要主动协调各个部门和各个岗位的关系,如协调维修车间、客户服务部、行政部、市场部、保险部、精品部、零件部等部门的关系。如果离开了这些部门的配合和协作,就会影响维修业务的开展,也会影响客户的满意度,从而使客户对维修服务顾问失去信任。所以,维修服务顾问的沟通协调能力也是十分重要的。

三、服务顾问的个人心理素质和修养

1. 心理素质

良好的心理素质是维修接待员（服务顾问）综合素质的重要组成部分。一个情绪不稳定、性格孤僻、人际关系紧张的人很难将维修接待工作做好，良好的心理素质需要凭借自身的不断努力练就。

▶ 心理素质一：积极的情绪

情绪的好坏直接关系到工作的成败。情绪就是对于跟自己相关事务所做的反应，它有时是积极的，有时是消极的，多数人都处于听从直觉的状态。人的情绪有高有低，而工作需要我们保持积极的情绪。行为是情绪的反应，当你受到不愉快事情的困扰时，作为维修接待员一定要在面对客户前调整好情绪，以积极、愉悦的状态面对客户。

优秀的维修接待员具有很强的自我情绪控制能力。控制情绪步骤包括：
- 确定你的真正感受；
- 肯定情绪的作用，认清它所能带给你的帮助；
- 相信自己能够随时控制情绪；
- 要以振奋的心态采取行动；
- 总结过去的经验，为将来打下好的基础。

▶ 心理素质二：随机应变能力

维修接待员（服务顾问）要有处变不惊的随机应变能力。所谓随机应变能力是指对突发事件的有效处理能力。有经验的维修接待员能很稳妥地处理各种情况，这就需要具备一定的随机应变能力。特别是在处理一些恶性投诉或突发事件的时候，更要处变不惊、临"危"不乱。

▶ 心理素质三：挫折承受力

维修接待员（服务顾问）在平时的工作中很难避免遭受打击，因此需要具有良好的挫折承受能力，这是一种素养。作为维修接待员，如果被客户误解的时候怎么办？听完客户大发雷霆后，是否可以平心静气？这些都是维修接待员可能面对的挫折。

2. 个人修养

个人修养是一种自我暗示，是一种思想的实践。个人修养能培养或打破一种习惯，使自我意识或思想产生持久的变化，帮助达到目标。具体包括：

▶▶ 个人修养一：尊重

维修接待员（服务顾问）作为一名服务人员，尊重是最基本的要求。首先要自尊自爱。尊重自己，就是要把你自己当回事，站有站相，坐有坐相，举止大方；在自尊的基础上要尊重客户，真正关心客户，不论客户的身份、年龄和学识，都要对他（她）表示尊重。除了尊重自己、尊重客户外，还要尊重自己的同事，更要尊重自己的企业，在与客户的接触沟通中，维修接待员（服务顾问）有责任、有义务维护企业的尊严和形象。

▶▶ 个人修养二：谦虚

谦虚是人的一种美德，维修接待员（服务顾问）在处理客户异议或投诉时应表现出自己的谦虚。维修接待员（服务顾问）一般都有较强的专业知识，若不具备谦虚的美德，就会在客户面前有意炫耀自己的专业知识，揭客户的短处，让客户觉得不受尊重，这是严格禁止的行为。

▶▶ 个人修养三：忍耐与宽容

忍耐与宽容是对待无理客户的诀窍。维修接待员（服务顾问）需要有一颗包容的心，要包容和理解客户。客户服务就是迎合客户的喜好而让他满意，即使这个客户在生活中不可能成为朋友，但在工作中他是你的客户，你甚至要比对待朋友还要好地对待他，因为这是你的工作。

▶▶ 个人修养四：诚信

通常很多企业都会要求维修接待员（服务顾问）不要对客户轻易承诺，说到就要做到。如果随便答应客户的要求，一旦承诺不能兑现，工作将会进入被动的境地。所以，维修接待员必须要注意自己的承诺，一旦答应客户，就要尽心尽力兑现。

▶▶ 个人修养五：担当

担当就是要勇于承担责任。维修接待员（服务顾问）需要经常承担各种各样的责任和失误。当出现问题时，同事之间往往会相互推脱责任。客户服务是维修企业的窗口，因此，在客户服务部门，不能推脱自己部门责任，一切的责任都需要通过客户服务部门把它化解。

四、服务顾问的仪容、仪表、仪态

具有良好职业道德修养的维修服务顾问，必须要有较好的气质、风度和仪表，第一眼就能给人以较好的形象。做到这些并不容易，必须认真从我做起，在每天的工作中严格按照职业礼仪的要求规范自己的行为。

1. 仪容、仪表

仪容一般是指人的外观、外貌。其重点是指人的容貌。

在人际交往过程中，每个人的仪容往往会引起交往对象的较多关注，并将影响到对方对自己的整体评价。

仪表是人的外表，包括人的形体、容貌、健康状况、姿态、举止、服饰和风度等方面，是人举止风度的外在表现。风度是指举止行为、接人待物时，一个人的德才学识等各方面的内在修养的外在表现。风度是仪表的核心要素。

在维修服务中心里每一天都有许多客户光临，接触客户的机会自然也多，而且有时还要去拜访客户。因此，必须注意保持穿戴整洁、仪表端庄。维修接待工作时在仪容、仪表上需要注意的地方如图2-3所示。

图2-3 仪容、仪表

（1）仪容要求

为了维护自我形象，有必要修饰仪容。在仪容的修饰方面应注意以下几点：

①整洁

仪容保持整洁、清爽。要使仪容整洁，重在持之以恒，这一条与自我形象的优劣关系极大。

②干净

要勤洗澡、勤洗脸，脖颈、手都应要干干净净，并经常注意去除眼角、口角及鼻孔的分泌物。勤换衣服，消除身体异味，有狐臭要搽药品或及早治疗。

③卫生

讲究卫生，是公民的义务，注意口腔卫生，早晚刷牙，饭后漱口，不能当着客人面嚼口香糖；指甲要常剪，头发按时理，不得蓬头垢面，体味熏人，这是每个人都应当自觉做好的。

④ 端庄

仪容庄重大方，斯文雅气，不仅会给人以美感，还易于使自己赢得他人的信任。将仪容修饰得花里胡哨、轻浮怪诞，是得不偿失的。

⑤ 简约

仪容要保持简约。仪容既要修饰，又不可标新立异、"一鸣惊人"，简练、朴素最好。

（2）仪表要求

生活中人们的仪表非常重要，它反映出一个人的精神状态和礼仪素养，是人们交往中的"第一印象"。良好的仪表修饰应遵循以下四个原则：

① T.P.O.原则

T.P.O.是时间（Time）、地点（Place）、场合（Occasion）的简称。T.P.O.原则要求仪表修饰因时间、地点、场合的变化而相应变化，使仪表与时间、环境氛围、特定场合相协调。

② 适体性原则

要求仪表修饰与个体相适宜、协调，也就是根据性别、年龄、容貌、肤色、身材、体型、个性、气质及职业身份等来修饰个人仪表。

③ 适度性原则

要求仪表修饰无论在修饰程度，还是在饰品数量和修饰技巧上，都应把握分寸，自然适度，追求虽刻意雕琢但又不露痕迹的效果。

④ 整体性原则

要求仪表修饰先着眼于人的整体，再考虑各个局部的修饰，促成修饰与人自身的诸多因素之间协调一致，使之浑然一体，营造出整体风采。

2. 仪态

（1）站

站立是人们生活交往中一种最基本的仪态，它指的是人在站立时呈现出的具体姿态。"站如松"是指人的站立姿势要像松树一样端正挺拔。这是一种静态美，是培养优美仪态的起点。优美的站姿能衬托出一个人的气质和风度。

① 站姿的要求

站姿的基本要求是挺直、舒展、线条优美、精神焕发。

站立时，上下看要有直立感，即以鼻子、肚脐为中线的人体大致垂直于地面；左右看要有开阔感，即肢体和身段给人舒展的感觉；侧面看也要有直立感，即从耳朵到脚踝骨所形成的直线也大致垂直于地面，如图2-4所示。

② 具体站姿

● 男士站姿：男士站立时，要表现出刚健、强壮、英武、潇洒的风采。具体要求是，下颌微收，双目平视，身体立直，挺胸抬头，挺髋立腰，吸腹收臀，两膝并严，两脚靠紧，双手置于身体两侧，自然下垂，这是规范的立正姿势。也可以脚跟靠近，脚掌分开呈"V"字形，或者两腿分开，两脚平行，但不可超过肩宽，双手叠放于身后，掌心向外，形成背手，背手有时会给人盛气凌人的感觉，在正式场合或者有领导和长辈在场时要慎用，如图2-5所示。

● 女士站姿：女士站立时，要表现出轻盈、娴静、典雅、优美的韵味。具体要求是，身体立直，挺胸收腹；双手自然下垂，也可相叠或相握放在腹前，两膝并严，两脚并拢，也可脚跟并拢，脚尖微微张开，两脚尖之间大致相距10cm，张角约为45°，形成"V"字形，或者两脚一前一后，前脚脚跟紧靠后脚内侧足弓，形成"丁"字形。

图2-4 站姿标准要求

图2-5 男士背手站姿

③ 站立时禁忌的姿势

▶ 头部禁忌动作

脖子没有伸直，使得头部向左或向右歪斜，头仰得过高或压得过低，目光斜视或盯视，表情僵硬等。

▶▶ 上身禁忌动作

　　上身切忌：自由散漫，东倒西歪，显得无精打采，萎靡不振，或随意倚、靠、趴在别的东西上，或斜肩、凹胸、凸腹、驼背、撅臀。

▶▶ 手的禁忌动作

　　站立时双手可做一些适当的肢体语言来配合谈话的内容，帮助客户理解谈话的内容。双手的动作要适宜，宜少不宜多，宜小不宜大。乱指乱点、乱动乱摸、乱举乱扶、将手插入裤袋、左右交叉抓住胳膊压在胸前、摆弄小东西、咬手指甲等不合礼仪的动作切不可做。

▶▶ 腿的禁忌动作

　　站立时双腿不可叉开过宽，不可交叉形成别腿，或把脚踩、蹬、勾在别的东西上，甚至把腿搭在或跨在别的东西上，使腿部错位，更不可抖动双腿或一条腿。

▶▶ 脚的禁忌动作

　　在站立的时间较长而感到双脚累时，可在两脚之间转移中心，切不可弯曲双膝，双脚摆成外八字，脚下不能有其他多余的动作，如乱指乱点、乱踢乱画、乱蹦乱跳、勾东西、蹭痒痒、脱鞋子或半脱不脱、脚后跟踩在鞋帮上、一半在鞋里一半在鞋外等。

（2）坐

　　坐姿是人们在生活工作中采用得最多的一种姿势，它也是一种静态美。"坐如钟"是指人在就座之后要像钟一样稳重，不偏不倚，如图2-6所示。

图2-6　女士标准坐姿

①坐姿的规范

● 规范1：入座时讲究先后顺序，礼让尊长，切勿争抢；
● 规范2：一般从左侧走到自己的座位前，转身后把右脚向后撤半步，轻稳坐下，然后把左脚与右脚并齐；
● 规范3：穿裙装的女士入座，通常应先用双手拢平裙摆，再轻轻坐下；
● 规范4：在较为正式的场合，或者有尊长在座的情况下，一般坐下之后不应坐满座位，大体占据2/3的座位即可。

②坐定的三点要求

● 要求1：头部要端正。
● 要求2：上半身自然伸直。
● 要求3：下半身需稳重。

③坐定的姿势

● 男士坐姿：坐定以后，头部和上半身的要求与站姿一样；双腿、双脚并拢，双腿、双脚也可以张开一些，但是不能宽于肩部，如图2-7所示。
● 女士坐姿：落座后，头部和上半身的要求也与站姿一样，但更强调要双腿并拢。双腿、双脚并拢，如图2-8所示。双腿并拢，双脚"V"字形或"丁"字形；双腿并拢，双膝向左或向右略微倾斜，如图2-9所示；一条腿压在另一条腿上，上面的腿和脚尖尽量向下压，不能翘得过高，否则有失风度。

图2-7 男士坐姿

图2-8 女士坐姿

图2-9 双膝略微倾斜

④坐定时的禁忌姿势

坐定时切忌身体歪斜、头部不正、手部错位、腿部失态、脚部失态等姿势。

（3）蹲

蹲姿在工作和生活中用得稍少一些，但最容易出错。人们在拿取低处的物品或拾起落在地上的东西时，不妨使用下蹲和屈膝的动作，这样可以避免弯曲上身和撅起臀部。着裙装的女士下蹲时应尤为注意，稍不注意就会露出内衣，很不雅观。

① 蹲姿的规范

高低式蹲姿是指下蹲时一只脚在前，另一只脚稍后（不重叠），两腿靠紧向下蹲。前边那只脚全脚掌着地，小腿基本垂直于地面，后边那只脚脚跟提起，脚掌着地。后边的膝盖低于前边的膝盖，后膝内侧靠于前小腿内侧，形成前膝高、后膝低的姿势，臀部向下，基本上以后边的腿支撑身体。

男女蹲姿的不同：男士一般采用高低式蹲姿，女士一般采用高低式蹲姿或者交叉式蹲姿，如图 2-10 所示。

图 2-10 标准蹲姿

② 蹲姿的禁忌

采用高低式蹲姿时，两腿不应分开过大，尤其是着裙装的女士更不可这样，另外，采用高低式蹲姿时不但两腿分开过大，而且两腿一样高，也十分不雅。

（4）行

行姿就是人们在行走的过程中所形成的姿势。常说的"行如风"就是形容人们行走时像一阵风一样轻盈。它体现一种动态美，是以人的站姿为基础的，是站姿的延续动作。

①行姿的规范

●规范1：重心落前。在起步行走时，躯干应稍向前倾，使得身体的重心落在反复交替移动的前脚脚掌之上。行走过程中应注意，在前脚落地、后脚离地时，膝盖不要弯曲，踏下脚时再稍微松弛，使重心始终在前移。

●规范2：全身协调。行走过程中，要面朝前方，双眼平视，头部端正，躯干要直，膝部不要弯曲，使全身形成一条直线。

●规范3：摆臂自然。行进过程中，双肩、双臂都不可过于僵硬呆板。摆臂要自然，一前一后，有节奏。在摆动时，手腕要进行配合，掌心要向内，手掌要向下伸直。摆动的幅度要适中，一般为30°左右的摆幅为佳。

●规范4：协调匀速。行走时，在某一阶段中行进速度大体上要保持匀速，要有节奏感。此外，全身各个部分要相互协调、配合，要表现得轻松、自然、大方。

●规范5：直线行进。在行进过程，女士的行走轨迹应呈一条直线，男士的行走轨迹应呈两条平行线。同时，要克服身体在行进中的左右摇摆，并从腰部至脚部始终都保持以直线的状态前移，如图2-11所示。

图2-11 标准行姿

②行姿的禁忌

行走时切忌瞻前顾后、双肩乱晃、八字步态、速度多变、声响过大、方向不定、不讲秩序、人群中穿行、边走边吃等。

五、服务顾问的基本举止规范

1. 握手

主动热情伸向客户，表达诚意，如图2-12所示。注意，对女客户不可以主动伸手，更不可以双手握手。

2. 微笑

对客户在任何情况下都应保持微笑，如图 2-13 所示。

图 2-12 握手

图 2-13 保持微笑

3. 打招呼

主动与客户打招呼，目光注视客户。

4. 保持安全距离

与客户应保持 1m 左右的距离。

5. 自我介绍

介绍自己的姓名、职务，力求清晰明了，坦诚亲切。可在介绍的同时，递送自己的名片。

6. 交换名片

双手接客户名片（图 2-14），仔细收藏好，不可随意放在桌上，递送名片时要双手送出，同时自报姓名。

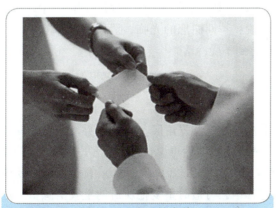

图 2-14 双手接名片

7. 指点方向

五指并拢,手心向上指示方向,不可以只伸一根或两根手指。

8. 引路

在客人的左前侧为其示意前进的方向,如图2-15所示。

9. 送客

在客户的右前侧为其示意前进的方向,如图2-16所示。

图2-15 引路方向

图2-16 送客示范

六、服务顾问基本礼仪要求

▶ 要求1

客户到来,应面带微笑,主动热情问候招呼:"小姐(先生),您好,我能为您做些什么?",要使客户感受到你的友好和乐于助人。

▶ 要求2

对待客户应一视同仁,依次接待,统筹兼顾;做到办理前一个,接待第二个,招呼第三个。在办理前一个时要对第二个说:"谢谢您的光临,请稍等",招呼后一个时要说:"对不起,让您久等了",使所有客户感到不受冷落。

▶ 要求3

接待客户时,应双目平视对方脸部三角区,专心倾听,以示尊重和诚意。对于有急事而来意表达不清的客户,应劝其先安定情绪后再说。可为该客户倒杯水,并讲:"您别急,慢慢讲,我在仔细听。"对于长话慢讲、语无伦次的客户,应耐心、仔细听清其要求后再回答。对于口音重、说话难懂的客户,在交流过程中,可适时重复他所讲的重要信息,一定要弄清其所讲的内容与要求,不能凭主观推测和理解,更不能敷衍了事将客户拒之门外。

▶▶ 要求 4

答复客户的询问,要做到百问不厌,有问必答,用词用语得当,简明扼要,不能说:"也许、可能、好像、大概"之类模棱两可或含混不清的话。对于一些不能回答的问题,不要不懂装懂,随意回答,也不能草率地说"我不知道"、"我不管这事"之类的话,应该实事求是地说,"对不起,很抱歉,这个问题我不清楚,我能否让××部门的××来为您解答。"或"对不起,很抱歉,这个问题我现在无法解答,我会尽快了解清楚,第一时间答复您您,请您留下联系电话。"

七、服务顾问的电话礼仪要求

▶▶ 要求 1

接打电话时,要坐端正,不要嚼口香糖、吃东西或喝水,否则客户会感觉你是在敷衍了事。

▶▶ 要求 2

接打电户前,要准备好笔和记事本以便通话时记下要点。

▶▶ 要求 3

电话来时,听到铃声,至少在第三声铃响前取下话筒。通话时先问候,并自报公司、部门。对方讲述时要留心听,并记下要点。未听清时,及时告诉对方。结束时礼貌道别,待对方切断电话,自己再放下话筒。

▶▶ 要求 4

在接打电话时,语音要亲切、自然、吐字较慢而又清楚,接听电话时要认真专心倾听,问答要简明扼要。

▶▶ 要求 5

工作期间不在电话中聊天,不打私人电话。

▶▶ 要求 6

客户来电话查询,应热情帮助解决问题,如不能马上回答,应与来电话的客户讲明等候时间,以免对方久等而引起误会。

案 例

接电话礼仪范例：

步骤	对话范例
步骤一：快速回应，如果适当的话，向客户道歉	**维修服务顾问：** "早上好，XXXXXX售后服务中心，我是吴凡。" **客户：** "找你们服务部。" **维修服务顾问：** "先生，您找服务部哪位呢？" **客户：** "找个人告诉我为什么发动机被你们调试了以后反而会缺火。" **维修服务顾问：** "当然可以，先生，能告诉我您的姓名吗？" **客户：** "我叫李默。" **维修服务顾问：** "请您稍等片刻，李默先生，我将帮您接通我们的服务顾问陈启的电话。" （吴凡在客户等待时间向陈启说明了情况。）
步骤二：仔细倾听一切，勿打断	**维修服务顾问：** "谢谢您，吴凡，帮我接通李默先生的电话。"
步骤三：不要认为客户的投诉是针对您个人的	**维修服务顾问：** "感谢您的耐心等待，这里是XXXXXX售后服务部，我是陈启。"

任务二　汽车维修接待的素质要求

客户：

"上周五，我将我的车送到经销商处进行调试，我以为可以解决发动机缺火问题，但是没解决。我以为你们都是专家，而且设备齐全，足以解决这些问题。但在这个问题上你们处理得并不好。我对你们的服务印象不佳，也许我早就应该把车送到别处修理。"

步骤四：要承担责任

维修服务顾问：

"李默先生，我理解您的感受，如果我的发动机被调试后仍然缺火我也会不高兴。请您稍候，我去查一下维修工单。请您稍等片刻好吗？"

客户：

"行行行。"

维修服务顾问：

"李默先生，维修工单上只显示要求调试，并未显示和缺火有关的信息啊。"

客户：

"我没提及缺火的事是因为我以为你们调试时自然会修好它。你们不是做广告说你们是保养XX车的最佳选择吗？那为什么不修好我的车？"

步骤五：记录事实

维修服务顾问：

"李默先生，我能问您并记录几个问题吗，关于缺火发生时间和地点？"

客户：

"行。它只在我驾车上陡坡时缺火。我是在发动机暖机时发现的。"

步骤六：请客户来经销商处

维修服务顾问：

"李默先生，请您允许我们让您重建对经销商的信心。我们愿意尽快检查您的车，并找出缺火的起因。对于给您造成的不便，我们深表歉意。您什么时候方便让我们检查您的车呢？"

客户：

"我希望明天可以修理。"

维修服务顾问：

"没问题。您能于上午8：30把车开到我们服务部吗？"

客户：

"好，可以。"

维修服务顾问：

"顺便问一下，您的公司电话仍然是478-4149，对吗？"

客户：

"对，没错。"

维修服务顾问：

"请允许我跟您确认一下。预约定在明天上午8：30。消除发动机缺火现象，此现象只在上坡的情况下发动机暖机状态时出现。对吗？"

客户：

"对，没错。但你能确认这次一定修好吗？"

维修服务顾问：

"嗯……现在我们清楚发动机在什么情况下缺火，这有助于我们更有效地查明原因。我将于明天下午4：00给您去电，向您报告进展情况。"

客户：

"谢谢你,陈启。谢谢你的帮助,我等您明天给我回复。"

维修服务顾问：

"不客气……再见。"

◎ **小贴士**

客户对XXXX经销商的印象是,即使出了问题,他们也能做出迅速反应加以解决。

任务三 汽车维修接待员的职责和职业准则

一、汽车维修接待员的职责

- 着装要显得专业,保持接待区整齐清洁;
- 热情接待客户,了解客户的需求及期望,为客户提供周到、满意的服务;
- 承接车辆,评估维修要求,开出维修工单;
- 估计维修费用或征求有关人员意见,并耐心向客户解释说明收费项目及其依据;
- 掌握维修进度,增加维修项目或延迟交车时,联络客户;
- 掌握车辆维修进度,确保完成客户交的各项维修项目,按时将状况良好的车辆交给客户;
- 妥善保管客户车辆资料和车辆上客户的遗留物品;
- 建立和完善客户档案资料;
- 做好修后服务;
- 宣传本企业,推销新技术、新产品,解答客户提出的相关问题;
- 听取和记录客户提出的建议、意见和投诉,并及时向上级主管汇报;
- 不断学习新知识、新政策,努力提高自身素质和业务水平。

二、汽车维修接待的职业准则

从事一定职业的人长期在职业生活中工作必须遵守的规则叫做职业准则。这些规则的内容包括守时、守信、以客户为中心、以同事为客户、理解第一、忍让为先、微笑服务。

职业准则一：守时

　　准时是一个基本的礼节问题，它代表着对一个人的尊重。为做到守时，可采用以下方法：
　　●方法一：制订一份作息时间表。
　　严格按照规定时间来控制自己何时起床，何时赶班车，下班后何时看电视节目，何时阅读报纸等。
　　●方法二：制订一份工作时间安排表。
　　严格按照规定时间完成各项具体工作，如何时完成统计报表，何时整理新客户资料，何时向经理汇报工作等。
　　●方法三：日常工作安排有条理。
　　一切先后有序，按部就班，井井有条，清晰地反映出你的时间观念。
　　●方法四：会面最好提前到达。
　　与客户或同事会面，首先要做到准时，一般来说要提前 10～15min 到达。
　　●方法五：总结误时经验。
　　当出现不守时情况时，先要查找原因，如与客户会面迟到的原因是交通堵塞、行驶线路搞错等；再总结经验改进方法，如调整时间、改变行驶路线等。

职业准则二：守信

　　与客户打交道，最重要的一点就是言而有信。如果对客户的许诺言而无信，客户对维修企业失去信任，就会离开，另谋他处。
　　要做到守信，应该注意以下几点：
　　●不可随意答应没有把握的事；
　　●对有把握的事，也需经过周密、反复地考虑，才能答应；
　　●在应承客户要求前，要弄清楚客户所需要的信息和目的；
　　●当对于客户所提的问题不能当场回答时，应说"我会尽快给您答复"，应晚些时候给客户一个肯定的答复；
　　●对于已许诺过的客户，为了防止遗忘，应把姓名、许诺的事项等记录在备忘录上，便于随时查看落实情况。
　　●在承诺时还应留有足够的回旋余地，不能让热心或利益冲昏了头脑。一旦做出许诺，就在客户中建立了一种期望。等发现无法满足客户的需求时，可能就会引起客户的不满。通常在许诺时应注意"只答应客户有把握的事，而不是客户希望做到的事"。

职业准则三：以客户为中心

　　维修接待的工作具有重复性，有时候会感到厌烦，很容易把客户看做是对工作的干扰，这很容易引起客户的不满，所以，在平时的工作过程必须注意。为了做好对客户的服务工作，应树立以客户为中心的理念，把对客户的服务作为工作的中心。为客户所做的服务对于维修接待来说可能是举手之劳，但对于客户来说是解决了他的难处。往往关键时刻的一点微小服务可能给客户留下深刻印象，无形中会加深客户对企业的信任。

▶ 职业准则四：以同事为客户

把同事看成自己的"客户"，可以提高维修企业内部交际的整体素质，提高内部人员工作的主动性、积极性和协作互助的精神，扩大企业经营能力。对于维修接待员个人来说，把同事看做客户，有利于业务范围扩大，有利于工作开展得更加顺利。对于维修企业来讲，加大了对外部客户服务的合力。

▶ 职业准则五：理解第一

因为维修接待员要与不同的客户打交道，即使服务技能很娴熟，也很难得到所有客户的认同而遭到埋怨。如果遇到这种情况，维修接待员要站在客户的角度，对客户表示理解。尽管自己对客户的埋怨有不满，也不可当客户的面表达自己的不满。可以使用以下的用语来表示对客户的理解："我理解您为什么那样想"，"我了解您的想法"，"您说的我都听到了"，"出了这种事，真对不起"等。

▶ 职业准则六：忍让为先

在工作中，维修服务顾问无论工作多么出色，也难免遇到大发雷霆、吹毛求疵的客户。当这种情况出现时，必须遵守忍让为先的原则，要以高度的涵养妥善处理好与这类客户的关系。

在客户怒气冲天时，要注意言行，不可说过激的话与其针锋相对，否则，不但问题得不到解决，而且会越来越糟糕，难以收拾。

▶ 职业准则七：微笑服务

微笑服务是业务接待中最基本的服务手段，微笑会使人产生亲切、热情、平易近人的感觉。微笑具有沟通感情、传递信息的作用。维修服务顾问必须养成微笑服务的习惯。在和客户面对面的情况下要做到微笑服务，接听电话时更要采用微笑服务。微笑会改变口形，使声波更流畅，声音更动听，更容易被客户接受。接听电话时客户虽然见不到人，但凭友好、温和的语气，会十分准确地感觉到接待员在微笑着跟他通电话。大多数客户在评价一个业务接待员服务质量好坏时，常常以微笑服务做得怎么样来衡量。

案 例

客户："你看，我上次才换了继电器电机，这次空调又不凉了"——这是一个事实。维修服务顾问说"哦，是吗？让我来查一下。"——这就是你对这个事实的关注。

但如果维修服务顾问这样回答："哦，不可能吧！看看是不是别的问题。"——这就是对情感的关注了。因为维修服务顾问质疑了事件本身，客户会不愉快，还可能对维修服务顾问产生抵触情绪。

简答题

1. 维修接待的重要性集中表现在哪两个方面?

2. 维修接待的工作内容主要有哪些?

3. 什么是仪容、仪表?

课题三
维修接待的原则与技巧

学习任务

1. 了解与客户交谈、倾听、沟通及处理客户异议与投诉的原则；
2. 掌握与客户交谈、倾听、沟通及处理客户异议与投诉的技巧。

任务一 交谈的原则与技巧

一、交谈的原则

1. 充分、认真聆听

充分、认真聆听既是对客户的一种尊重和起码的礼貌，也是互动交流的基础。只有充分、认真聆听，才能够清楚客户讲话的内容，把握讲话者的重点，这样才可以有根据地进行回应，才会激发起客户的兴趣。

▶ **注意事项 1**

在聆听时，我们要注意，这种聆听不是傻听，不是盲听，而是有礼貌地听、积极地听，抓住重点。

▶ **注意事项 2**

在聆听时，我们要注意积极地回答客户的提问，目光停留于别人的脸部，留意讲话者所指向的方向和位置，并且要不断地通过"是"、"对"、"嗯"等短语让讲话者知道你在聆听。

注意事项 3

必要时，应该不失时机地打断客户的讲述，如在他完成一段话，或者停顿下来时，问一两个小问题。适时的提问，也能够让我们准确地把握客户说话的重点。

注意事项 4

在交谈时，我们要停下手中的工作和活动，不要不断地看表，或者不停地摆弄小物品。如果在吃饭，应该放下餐具，停止进食。

注意事项 5

不可东张西望，给人以一心二用、三心二意的不尊重的感觉。

注意事项 6

在举止方面，要避免抖动全身或身体的某个部位，不可双手抱头、叉腰，不可抓耳挠腮、哈欠连天。

注意事项 7

应该站有站姿、坐有坐姿，落落大方，沉稳真诚。只有这样，才可以算真正做到了充分、认真聆听。

2. 言语适度

在交流过程中，还应注意言语适度。这种适度主要包括三方面，即适时、适量和适当。

内容 1：适时

要求讲话的时机要合乎时宜，要适时而言，要注意场合。在正式场合，下级不要随意打断上级或者职位高者的讲话，对某一两个问题不要无休止地追问。亦不可在别人谈话时，交头接耳。与非夫妻或者恋人的异性之间，交谈时要注意距离和讲话的时机。我们要避免该讲话时不讲话，不该讲话时却讲话的现象发生。

内容 2：适量

要求讲话的内容和时间长短要适量，时间宽裕，可以多讲一些；时间不够，则应简明扼要，突出重点。

内容3：适当

要求讲话的内容适宜，主题要恰当得体，话题要准确。说话时，要尽可能把重点清楚适当地表达出来。

3. 运用肢体语言

肢体语言是人的情感表达方式之一，人在交谈过程中，往往会情不自禁地挥臂、伸手、伸出手指和拳头等来辅助、增强和渲染语言表达的效果。肢体语言的个体性比较明显，共性较差。肢体语言因不同社会背景、不同年龄层的人有不同的肢体表达方式，甚至同一种肢体语言在不同的区域、文化和个体之间有不同的含义。

所以，在谈话时，用肢体语言来辅助讲话的效果时应注意以下几点：

  注意事项1

要适量，不可过多过快。

  注意事项2

要及时，避免慢半拍。

  注意事项3

要准确，不可引起误解。

  注意事项4

要避免不礼貌的肢体动作。

4. 避讳隐私

由于风俗习惯、政治信仰等的不同背景，有些话题在交谈中非常敏感，很容易引起反感，因此要回避这些谈话内容。同时，现代很多人初次见面时不愿透露过多的个人信息。所以，在交谈时也应避免询问过多。一般地，以下方面应予以避免：①家庭、婚姻等情况；②女性的年龄、体重等有关个人生理状况的问题；③男性的工资收入、职务职衔等；④宗教和政治问题；⑤就餐时谈动物内脏问题；⑥谈疾病、死亡等。

5. 保持正确的礼仪距离

每个人在潜意识中都有自己的一个私人空间领地。保持一个适当的距离，是对他人的尊重，同时让人有安全感。这个距离为1m左右。

6. 常用的基本礼貌用语

人与人之间的交往过程，在很大程度上也是情感的交流。特别是在现代生活中，"以人为本"，充分尊重人，也是顺利实现交际交流的重要条件，而礼貌用语最能体现这种对人格、情感的尊重和关怀。基本礼貌用语常挂嘴边，如"您好"、"欢迎光临"、"谢谢"、"对不起"、"再见"等。

二、交谈的技巧

1. 交谈内容要"就地取材"、"随机应变"

刚开始与客户接触时，一般要先寒暄几句，如果开门见山、单刀直入，会给人唐突的感觉。一般可以以天气为题，说几句今天天气如何如何等。但若不论时间、地点一味谈天气就太单调了。如何避免这一情况呢？不妨结合所处的环境，就地取材引出适当的话题。恰当的开场白会是使气氛融洽。要多用称赞的口气和语言，而少用或不用挑剔的口吻。还可以根据情况的变化转换话题，使交谈自然融洽地进行下去。

2. 谈话要看客户定内容

客户上门，多数是遇到了麻烦。与客户交谈时，应以客户的说话内容为中心；不能一味地表达自己的想法或见闻，而要多听客户的诉求，围绕客户的谈话而展开。交谈是双向交流，交谈时应看对象，因人而异。不同年龄、职业、地位的人都有各自不同的情趣、特点及习惯等。因此，在交谈中选择什么样的话题，用什么样的语言与口吻应当有所不同，这样才不致于产生"层次差"。比如不要和艺术家大谈金钱，不要和失恋的人大谈你和恋人的甜蜜感情等，否则别人是没兴趣听的。

3. 多谈客户感兴趣的话题

在与客户交谈的时候，我们可以试着从客户的话语中找到他的兴趣所在，让他对自己有兴趣的话题发表看法等。一般地说，一个人感兴趣的话题，多是他知识储备中的精华部分。如能就此进行交谈，不仅可以谈得很有兴趣，而且谈话内容也会比较丰富。

任务二　倾听的技巧

良好的倾听技巧可以帮助维修服务顾问与客户沟通过程中的许多实际问题。可以这样说，在一个成功的客户服务过程中，有效倾听所发挥的作业绝不亚于陈述和提高。但人们在倾听中常会出现问题，如受情绪状态的影响、接受信息时的非理性等。

提高倾听的技巧需要大量的训练和全身心的投入，必须不断地改进和完善。

下面简单地介绍几个聆听的技巧。

1. 不随意打断客户

随意打断客户谈话会打击客户说话的热情和积极性。好的倾听者不会随意打断对方的谈话，不会用自己的经验、观点来有意打断客户的谈话。在反馈客户的谈话之前，稍作停顿，确保已经全部理解客户的观点。这不仅表示你很关注客户的观点，也给了你一定的时间来对客户做出回应，如"噢"、"对"、"是的"、"是吗"，等等。在倾听客户说话的时候，要知道什么时候应该说话，什么时候应该保持沉默。

2. 适当复述帮助准确理解

复述对方的话，确信我们已经完全抓住客户的意思和观点。用自己的话复述一下客户表达的意思，可以确保我们完全理解了客户的意图。我们可以说："我的理解是……？"或"您的意思是……"。不要假装以为自己已经理解了客户，以免曲解客户的意思。如果我们对客户的讲话仍然有疑惑，或漏掉了客户的一些话，可以请客户重复一遍。

3. 肯定对方谈话的价值

在谈话时，一定要用心去找客户谈话的价值，并给予积极的评价和肯定，客户的内心也会很高兴，同时会对肯定他的人产生好感。这是获得对方好感的诀窍。

4. 提问的技巧

提问是帮助我们发现和收集客户需求信息的一个非常重要的技巧。它可使我们更准确、更有效地把握客户的意图，为客户更好地服务。提问一定要掌握一定的技巧。一个维修服务顾问的服务技能怎么样，服务经验是否丰富，从提问的技巧可以看出来。

提问一般可以分为两种：一种是封闭式的问题，另一种是开放式的问题。

（1）封闭式问题

封闭式问题的使用是为了完全帮助客户进行判断，客户只能做肯定或否定的回答。例如，"您是要在明天下午两点前提车吗？"、"您是刷卡付款么？"等。

（2）开放式问题

开放式问题可以让客户比较自由地讲出自己的观点，对某个问题进行更详细的描述。这种提问方式是为了引导客户描述事实，一般以"为什么，怎么样，是什么"等开始发问。一般来说，在服务已开始的时候均可使用开放式问题。

根据实际需要，两种技巧可以交替使用，直到我们能够准确判断客户的需求为止。

5. 配合恰当的肢体语言

当我们与客户交谈时，对客户事情的关心与否，往往直接反映在脸上和肢体的动作。注意观察非语言行为，即说者的语音语调、身体姿势、手势、脸部表情等，理解这些因素带来的信息，让倾听更有效。

6. 保持微笑

微笑是人际关系中最好的润滑剂，它体现了一个人的友善、亲切、礼貌及关怀。微笑可以创造出一种愉快的氛围，缩短人与人之间的距离。维修服务顾问在接待客户时要永远保持微笑。

任务三 沟通的原则与技巧

一、沟通的原则

1. 维护公司的利益

维护公司的合法利益是每一位员工应尽的义务，在与客户沟通时，不能以损失公司的利益为代价，博取客户的欢心，更不能以损失公司或他人的利益来换取客户对个人的感谢或谋取私利。

2. 少用专业术语

在与客户沟通的过程中，服务顾问千万要记住，客户可能对汽车维修一点都不懂，在向客户介绍某一维修事项时，尽量少用专业术语，如需要用，最好的办法就是用简单的例子来比较，让客户容易了解且接受。

3. 顾全客户的面子

要想说服客户，就应该顾全客户的面子，不要一语点破。要给客户"下台"的机会，顾全客户的面子，客户才能给你面子。在与客户沟通的过程中顾全客户的面子，对于服务顾问来说并不是一件难事，只要稍微注意一下态度和措辞就可以了。

4. 勿逞一时的口舌之能

在与客户沟通的过程中千万别逞一时的口舌之能，逞一时的口舌之能只能获得短暂的快感，但绝对不可能说服客户，并且还会给以后的工作增加难度。真正的沟通技巧，不是与客户争辩，而是让客户接受自己的观点。

二、沟通的技巧

1. 抓住客户的心

在与客户的沟通过程中，服务顾问可以适当地投其所好。拉近客户的关系，摸透客户的心理，是服务顾问与客户沟通良好的前提。只有了解并掌握了客户的心理和需求，才可以在沟通过程中有的放矢。

2. 记住客户的名字

记住客户的名字，可以让客户感到愉快，且有一种受重视的满足感。记住客户的名字，在沟通交往中是一项非常有用的法宝，比任何亲切的言语更有效，更能打动对方的心。

3. 不要吝啬你的"赞美"

人性最深切的渴望就是拥有他人的赞美，这就是人类有别于其他动物的地方，经常给予客户以赞美，也许就会改变客户的态度，使用这种办法，还可以进一步发挥人的潜能，使得到赞美的人有被重视的感觉。

4. 学会倾听

在与客户的沟通过程中，服务顾问要善于倾听客户的倾诉，会不会听是服务顾问会不会与客户沟通、能不能与客户达到真正沟通的重要标志。做一名忠实的听众，同时，让客户知道你在听，不管是赞扬还是抱怨，都要认真对待。

5. 付出你的真诚与热情

人总是以心换心的，你只有对客户真诚，客户才可能对你真诚，在真诚对待客户的同时，还要拥有热情，只有拿出你的真诚与热情，沟通才有可能成功。"真诚"是沟通能否取得成功的必要条件。

6. 随机应变

不同的沟通场合需要不同的沟通方式，对不同人也需要采取不同的沟通方法。

任务四 处理客户异议的原则与技巧

一、处理客户异议的原则

客户出现异议并不可怕，可怕的是在客户异议面前茫然不知所措。其实，只要遵循处理客户异议的基本原则，客户异议也能转化为客户认同。

1. 防范大于处理

最好的异议处理方法就是"防患于未然"，将客户的异议扼杀在萌芽状态，这是处理异议最高明的做法，既省时又省力。

（1）提前预防

猜测客户可能出现的异议，交谈中有意无意地针对此类异议展开话题，潜移默化地消除客户的疑虑。比如价格异议，这几乎是每个客户会涉及的问题。与其在谈判后期反复纠缠于价格高低，不如在维修介绍环节积极预防价格异议的出现。

（2）降低客户预期

常言道，有多大希望就会有多大失望。为避免客户异议，降低客户对配件和服务的预期，也是不错的方法。

2. 尊重客户

（1）理解客户异议

因为信息、信任等方面的问题，客户产生异议很正常。对此，服务顾问应充分理解并客观地对待，不能因此认为客户刁难，从而冷漠以待，甚至恶言相向。当客户提出批评时，要充分肯定客户意见中的积极方面，同时表示感谢和改善的决心。服务顾问态度要诚恳，要理解客户、体谅客户。人与人之间最重要的就是尊重，让客户感受到尊重，反过来客户也会理解你。

（2）维护客户自尊

每个人都有自尊，也都希望受到他人的尊重。若客户在表达异议追求解答的过程中，得到的不是热情周到的服务，反而是冷漠以待，甚至恶语相向，客户肯定会因为没面子或心情不爽而拒绝维修，相反，服务顾问若能处处维护客户自尊，满足心理平衡，自然容易赢得客户的信赖，赢得交易的机会。

3. 冷静、客观

（1）不抱怨、不争辩

想与客户争辩吗？对不起，你永远无法在与客户的争论中获胜。环境和情况越严峻，服务顾问越要自我克制，控制好场面，不要为一些棘手的问题而焦虑。如果问题较复杂，就要以冷静、平和、友好的态度去与对方探讨问题的根源，让客户自己进行判断。服务顾问要充分展示一个专业的汽车维修服务顾问的个人风度、修养和自信心，时刻保持平静的心态和友好的姿态，做到泰山压顶而面不改色。要记住：赢得了客户便会输了生意。服务顾问提供的是服务和合理的说服，而不是争辩。

（2）强调客户收益

客户之所以表达异议是为了什么？就是担心自己的利益受损。因此，客户异议所提出的问题，大多数都属于维修汽车时所产生的利益问题。如你们店修车为什么这么贵？太不值了！这个问题本身就属于利益问题。其实，客户维修汽车的过程中会问到许多问题，不论是商务问题，还是技术问题，但究其实质应该算是利益问题。

4. 正确的态度

（1）主动谦让

异议产生后，不论客户提出批评或进行投诉的方式、方法是否正确，都应将这视为对本公司维修和服务的关心。维修服务顾问的态度，首先并不是据理力争，而应及时对客户进行适度谦让以尽量平复客户的情绪。可结合具体情况，直接向客户表达歉意。例如，"对不起，让您如此费心，真的很抱歉"。

（2）有效沟通

当客户情绪稍微平复后，服务顾问一定要积极与客户进行有效的沟通。认真倾听客户的申诉，并保持热情友善、耐心周到的礼数，既要了解客户的本意，也要让客户看到我们对客户意见的重视和处理异议的积极态度。

（3）满足合理要求

全面理解客户的意见后，对于客户的合理要求，服务顾问应尽可能予以满足。若一时难以满足，也要说明原因并致歉。即便有些客户得理不让人，恶语相加甚至以投诉相要挟，服务顾问也要尽量保持克制，不与客户较劲。

二、处理客户异议的技巧

1. 忽视法

有些异议其实无关紧要，客户也并不是真的想要解决。对于此类异议，汽车维修服务顾问可以采取忽视的态度，轻轻带过。

2. 反问法

有些异议，或许就是因为误解或缺乏了解，而由客户自己造成的。这时候，利用反问法，例如："您为什么这样认为呢？"引导客户自己否定自己的异议。同时，也可以在客户陈述异议的过程中，获得更加精确的信息。

3. 缓冲法

某些时候，直接反驳客户的异议容易招致客户的反感。汽车维修服务顾问可以尝试顺着客户的观点，进行适当的延伸和补充，以缓和一下形势，然后再委婉地提出不同观点，这样或许客户更容易接受些。例如："您刚才所说的轮胎磨损快，看得出来您已经用了一段时间研究我们的轮胎，很感谢您的关注。但如果我给您做一个测试，或许您的看法就会改变了。"

4. 补偿法

有些客户异议指出的问题确实存在，但一味纠结于此，显然不利于问题的解决。汽车维修服务顾问可以利用自己产品的其他优势来补偿自己产品某方面的劣势。例如："我们的内饰材料虽然档次不高，但您看，做工却很精细呢。"

5. 证明法

利用客户的从众心理，引用第三方的评价和观点来消除客户的异议。例如："这款轮胎用起来很安心，您不妨向购买这款轮胎的车主了解一下。"

6. 主动法

某些客户尽管对汽车配件或维修技术表现出犹豫的态度，却又不主动提出异议。这时候，汽车维修服务顾问为了引出问题，可以主动提出客户心里肯定存在的异议。例如："您是否对我们的配件或技术不放心呢？"

7. 延缓法

对于某些不便于回答的异议，汽车维修服务顾问可以给出延缓的理由，向客户表示已经注意到了他的异议。例如："我等会介绍配件时，再向您重点解释。"

任务五 处理客户投诉的原则方法与技巧

一、处理客户投诉的原则

在某家汽车修理厂,"先修理人,后修理车"是他们的一条服务宗旨。何为"先修理人,后修理车"呢?客户的车坏了,心情一般都不会非常好,此时应该先关注客户的心情,接着才关注汽车的维修。可是很多企业或维修服务顾问往往都忽略了这一点,只顾修车,而不顾客户的感受。因此,我们要强调,正确处理客户投诉的首要原则就是"修车从修心开始",这是处理客户投诉的总原则。

1. 客户永远都正确

只有树立了"客户永远都正确"的观念,才会以平和的心态去处理客户的抱怨。这包括三个方面的内涵:
- 应该认识到,有抱怨和不满的客户是对企业仍有期望。
- 对客户的抱怨行为应该给予肯定、鼓励和感谢。
- 尽可能地满足客户的要求。

汽车维修企业在处理与客户的关系时,必须树立"客户永远都正确"的意识,这是建立良好的客户关系的关键。在处理与客户的纠纷时,无论是企业的普通员工还是企业的管理者,都应时时提醒自己必须遵循这一原则。只有这样,才能站在客户的立场上考虑问题,想客户之所想,急客户之所急。可见,"客户永远都正确"并不意味着客户在事实上的绝对正确,只是意味着客户得到了绝对的尊重。当客户品尝到了"上帝"滋味的时候,就是维修企业提升知名度和美誉度的时候,也就是企业能拥有更多的忠诚客户、更大的市场,是企业发展壮大的时候。

2. 不与客户争辩

这一条原则是第一条原则的延伸,即使客户不对,也不可与之争辩,心中要始终存有这种观念:"上帝永远是对的"。即使客户在与企业的沟通中因为存在沟通障碍而产生误解,也绝不能与客户进行争辩。客户抱怨时往往带有情绪,这时与客户争辩只会让事情变得更加复杂,使客户更加情绪化,使事情进一步激化。结果是争辩赢了,上帝也走了,生意也没了。

3. 耐心倾听客户的抱怨

只有耐心倾听客户的抱怨,才能发现其实质原因,进而想方设法平息抱怨。

4. 要站在客户立场上将心比心

在处理投诉时，切忌漠视客户的痛苦。服务工作非常忌讳客户服务人员不能站在客户的立场上去思考问题。客户服务代表应该站在客户立场上将心比心，诚心诚意地去表示理解和同情，承认过失。所以，对于所有的客户投诉，无论客户的投诉是否合理，都不要急着分清责任，而是先表示道歉，这也是很重要的。

5. 迅速采取行动

对于客户的抱怨，企业或维修服务顾问要及时处理他们所提的意见，必须快速反应，最好将问题迅速解决或至少表示有解决的诚意。拖延时间只会使客户的抱怨变得越来越强烈，使客户感到自己没有受到足够的重视，使不满意程度急剧上升。若经过调查，发现产品确实存在问题，应该给予赔偿，并尽快告知客户处理的结果。

6. 留档分析

对于每一次客户投诉及其处理结果，维修服务顾问都要做出详细的记录，包括投诉内容、投诉原因、处理方式、处理过程、处理结果、客户满意程度等。通过事后分析记录，吸取教训，总结经验，为以后更好地处理客户投诉提供有价值的参考。

二、处理客户投诉的方法

1. 明确处理客户投诉的负责人

处理客户投诉要有主要负责人，必须明确是维修服务顾问、业务经理还是服务经理。遇到严重投诉时，企业主要负责人应出面处理。除了主要负责人外，企业的其他员工均有责任和义务将客户投诉反映给相关负责人，由客户投诉的负责人处理。

2. 明确客户的诉求

在处理客户投诉或抱怨之前，必须弄清客户的诉求。利用客户投诉记录表详细记录客户投诉的全部内容，如投诉人、投诉时间、投诉对象、投诉要求等。

3. 分析判定投诉是否属实

倾听客户投诉的内容后，先分析客户投诉的类别，再判定客户投诉的理由是否充分，投诉要求是否合理。如果投诉不能成立，即可以婉转的方式答复客户，以取得客户的谅解，消除误会。

4. 落实责任

根据客户投诉的内容，落实到相关的具体受理单位和受理负责人。如果属于运输问题，则交储运部门处理；如果属于质量问题，则交质检部门处理。

5. 调查分析投诉原因

要查明客户投诉的具体原因及造成客户投诉的具体责任部门及个人。

6. 提出处理方案

根据实际情况，参照客户的投诉要求，提出和确定解决投诉的具体方案，如退货、换货、维修、折价、赔偿等。

7. 提交主管领导批示

对于客户投诉的问题，领导要引起高度的重视，主管领导应对投诉的处理方案一一过目，及时做出批示。

8. 及时通知客户，实施处理方案

投诉处理方案经批复后，迅速通知客户并付诸实施，尽快收集客户的反馈意见。对工作失误者和部门主管按照有关规定进行处罚，依照所造成损失的大小，扣罚责任人一定比例的绩效工资或奖金。同时，对不及时处理问题造成延误的责任人追究责任。

9. 电话回访

在对客户的投诉处理结束后，在一周内应对客户进行电话回访。了解客户对投诉处理是否满意，如果仍不满意，则应向上级领导汇报，重新处理。

10. 评价总结

对投诉处理过程进行综合评价与总结，吸取经验教训，提出改进措施，不断完善企业的经营管理和业务运作，以提高服务质量和服务水平，降低投诉率。

◎ 小贴士

处理客户投诉或抱怨一定要具备专业知识，否则，处理问题时若说一些外行话，可能会使矛盾进一步激化。

4S店客户投诉处理流程如图3-1所示。

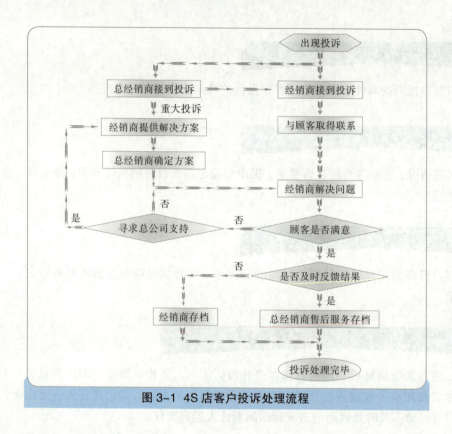

图 3-1 4S 店客户投诉处理流程

三、处理客户投诉的技巧

1. 一般客户处理

技巧一：运用适当的肢体语言

运用适当的肢体语言提供正面的信息。负责客户投诉接待的人员要表情自然放松；微笑，表示关怀；交谈或倾听时，保持眼神交流；认真倾听客户的抱怨；自我情绪控制；感受客户的心情。如果身体语言运用不当，将会给客户造成负面的影响，易引起客户表情紧张、严肃，动作紧张、匆忙等。这些行为都会调动起客户的情绪，感到如临大敌，加大投诉处理的难度。

技巧二：稳定客户情绪

稳定客户情绪的方法如下：

方法 1

与客户单独交谈，即将情绪不稳定的客户与其他客户隔离，将其请到单独的房间交谈。这样可以稳定客户情绪，有些人越在人多的地方情绪越激动。此外，单独交谈也可避免扩大负面影响。

方法 2

对客户表示歉意,并安抚客户。

方法 3

让客户放松并请他坐下,给客户倒上茶,让客户缓和情绪。

方法 4

不与客户争辩,客户不满意说明企业服务工作有不完善之处,在客户情绪不稳定时与其争辩,收不到好效果,反而适得其反。这时,更不能将自己的想法强加于客户。

方法 5

暂时转移话题。

技巧三:处理投诉时与客户交谈的技巧

处理投诉时与客户交谈的技巧如下:

技巧 1

认真倾听,并表示关怀,让客户感觉你确实想为他解决问题。

技巧 2

确认投诉的最主要内容。

技巧 3

善用提问发掘客户的不满。

技巧 4

必要时还要认同客户的情感,对其抱怨表示理解。

技巧四：与客户谈判的技巧

与客户谈判的技巧如下：

技巧1：预防法

在预估事情可能要发生时，先给予提醒。

技巧2：转移法

不做正面答复，以反问的方式提醒客户双方的责任。

技巧3：否认法

对客户所提问题有明显差异的，应予以否认。

技巧4：递延法

以请示上级为由，争取时间。

2. 愤怒客户处理

技巧一：合作

在处理愤怒客户的投诉时，维修服务顾问（或投诉处理员）需要找一个双方都认同的切入点，比如说："我有一个建议，您是否愿意听一下？"这么做是为了让客户认同提议，而这个提议是中立的。

技巧二：了解客户的想法

维修服务顾问（或投诉处理员）向客户询问他的想法，如客户想怎样处理？在客户描述想法的时候，维修服务顾问（或投诉处理员）才能真正确定对方想什么，才可能得出双方都接受的解决方案。

技巧三：回形针策略

这是一个获得认同的技巧。当接待情绪激动的客户时，一个具有丰富经验的维修服务顾问（或投诉处理员）会请求客户随手递给他一些诸如回形针、笔和纸等东西。当客户递给他时，他便马上向客户表示感谢，并在两人之间逐步创造出良好的氛围。

技巧四：柔道术

当了解了客户的情况时，维修服务顾问可利用客户施加的压力抓住扭转局面的机会。可以这样说："我很高兴您告诉我这些问题，我相信其他人遇到这种情况也会和您一样的。现在请允许我提一个问题，您看这样处理您是否满意……"

技巧五：探询"需要"

"需要"不等于"需求"，"需要"是"需求"背后的原因。我们应该努力去满足客户的需要，而不是仅仅停留在满足客户需求的层面上。我们经常发现客户提出的需求并不一定是他最需要需要，因为我们是这方面的专家，完全可以从专业角度帮助客户，这也是最能体现我们专业价值的地方。

在询问客户问题时，客户总是会给出自己的答案。因此，我们在提问的时候要沿着一个思路往下逐项地追问下去，客户才会告诉我们真正的原因，这样才会得出满足客户"需要"的方案。最好的探询"需要"的方法是多问几个"为什么"。

技巧六：感谢

有时候，一句感谢比一句道歉更重要。感谢客户告诉我们他的问题，以便我们能更好地为他服务；感谢客户指出我们的问题，帮助我们改进工作；感谢客户的来电，我们让他觉得和他沟通很愉快。客户的抱怨往往源于我们服务工作的失误，客户的愤怒往往源于我们冷漠和推诿的工作态度。所以客户在来电之前会预期这将是一个艰苦的对决过程，而我们真诚的感谢让他出乎预料，他的情绪也因此会很快得到平复。

思考与练习

简答题

1. 常用的基本礼貌用语主要有哪些？

2. 处理客户投诉的总原则是什么？

课题四
维修接待的业务知识

学习任务

1. 了解客户关系管理在企业经营中的重要性；
2. 掌握客户档案分析的方法；
3. 了解车辆识别码的组成内容和作用；
4. 掌握汽车正规配件的鉴别方法；
5. 了解维修合同的主要内容和汽车"三包"的索赔条件；
6. 掌握维修费用预算的步骤和方法。

任务一 客户关系管理

一、客户关系管理的概念

客户关系管理（Customer Relationship Management，CRM）指的是企业通过有意义的交流沟通，理解并影响客户的行为，最终实现吸引新客户、保留老客户以及将已有客户转为忠实客户的目的。

一切从客户利益出发的目的是维持客户的忠诚。因为只有长期忠诚的客户才能为企业创造利润，所以企业关注的焦点应从企业内部运作转移到客户关系上来。

客户一般可分为潜在客户、新客户、满意的客户、留住的客户、老客户（忠诚客户）。

据相关统计，吸纳一个新客户的成本是留住一个老客户所花费成本的5倍，而20%的重要客户可能带来企业80%的经济收益，即"二八定律"，也称帕累托法则（Pareto Principle）。因此，留住老客户比开发新客户更有经济效益。过去企业往往将精力放在寻找新客户上，而忽略了现有的老客户的巨大利润。企业应该转变老的观念，学会判断最有价值的客户，尽力想办法满足客户的需求，从而提高服务的水平，实现留住客户的目的。

二、客户关系管理的内容

把客户资源看成企业的重要资产，不断地采用各种方法对企业的客户实施关怀，以提高客户的满意程度。所以要涉及对客户关系的管理问题，也就是以客户的满意为中心，一切从客户利益出发，目的是维持客户的忠诚。

为赢得客户的高满意度，维护与客户长期良好的关系，在客户关系管理方面需要展开以下工作。

内容一：客户群分析

客户群分析内容：分析客户的来源、类型、特点等。及时掌握第一手信息，根据不同类型的客户对服务的不同需求，改善服务质量。

内容二：企业对客户的承诺

对客户的承诺旨在明确企业提供何种产品和服务。对于汽车维修服务企业来说，企业要承诺在一定的时间内，以一定的价格高质量地完成汽车的维修和保养服务。企业对客户承诺的宗旨是提高客户满意度。

内容三：客户信息交流

客户信息交流是一种双向的信息交流，能够促进企业与客户的相互联系、相互影响。客户关系管理的过程就是企业与客户信息交流的过程。与客户有效的信息交流是建立和保持企业与客户良好关系的途径。

内容四：与客户保持良好的关系

要与客户建立和保持长期稳定关系，首先需要良好的基础，这个基础就是通过企业的服务取得客户的信任。企业要区别不同类型的客户关系及其特征，评价关系的质量，采取有效的措施保持企业与客户的长期友好关系。

内容五：客户反馈管理

客户反馈是衡量企业服务质量的一个重要指标。它集中反映企业承诺目标实现的程度和及时发现企业在为客户服务过程中所存在的问题。客户反馈的一个重要途径是投诉，如何正确处理客户的意见和投诉，对于消除客户不满、维护客户利益、赢得客户信任都是十分重要的。

随着信息技术的不断发展，目前出现了客户关系管理系统软件，不仅为企业提供了一个收集、分析、利用客户信息的系统，更为企业提供一个全新的商业管理平台，它可以帮助企业充分利用其客户资源，提高客户的满意度和企业的赢利能力，帮助企业在激烈的市场竞争中赢取胜利。

三、客户关怀

1. 新车提醒

若客户购买新车，应做到以下几点：
- 交付新车的三周至四周内，使用信函或电话询问客户新车的使用情况；
- 主动告知客户服务站地点、营业时间、客户需要带的文件，并进行预约；
- 提醒首次保养的里程与日期。

2. 维修后跟踪回访

- 维修时事前与客户商量好回访的方式与时间；
- 维修后三日内进行跟踪回访；
- 对客户提出的意见要及时跟进和反馈。

3. 送上关怀函、祝贺函

- 信函种类有客户生日函或节日函；
- 内容着重放在关怀上，不能出现明显的商业行为。

4. 久未回厂联系

- 久未回厂联系前应先了解客户前次服务的内容与是否有不满；
- 如果客户有不满，应表示歉意，并征求客户意见，请客户来厂或登门访问。

5. 定期保养提醒

- 距保养日前两周发出通知函或提前一周电话通知；
- 主动进行预约；
- 主动告知保养内容与时间。

6. 季节性关怀活动

- 主动告知客户每个季节的用车注意事项；
- 提醒客户免费检测内容。

7. 车主交流会

- 定期举行车主交流会，内容可包括驾车技巧、省油窍门、正确用车方式、服务流程讲解、简易维修处理程序、紧急事故处理等，可根据具体情况而定；
- 每次交流会的人数控制在 10～15 人为宜，时间一般不要超过两小时；
- 请客户代表发言或与客户一起交流座谈；

- 赠送小礼品；
- 利用这个机会进行客户满意度调研。

8. 信息发布

- 让客户了解一些与他们利益相关的信息；
- 发布新的汽车或道路法规；
- 发布路况信息；
- 提醒客户免费检测内容。

四、客户档案管理

客户档案是企业的重要资源，通常利用客户档案可以建立客户群，扩大业务，提高企业的知名度等。这里把客户档案作为一个重要内容来进行讲解。

1. 建立客户档案

客户档案的建立通常有两种方式：一是客户基本资料的建立，二是客户业务资料的建立。

方式一：客户基本资料的建立

客户基本资料的建立包括客户基本资料的收集、整理、录入、保存、更新、取用和应急处理等。对于不同的企业来说，对客户基本资料的内容的要求各不相同，客户档案一般包括四个基本内容。

① 车辆基本信息

车辆基本信息包括车牌号、VIN码、发动机号、车架号（底盘号）、钥匙号、出厂日期、首保日期、车型和车型分类等。

② 车辆扩展信息

车辆扩展信息包括购买日期、档案登记日期、保险公司名称、保险联系人、续保日期、下次应保养日期、上次业务日期、行驶证年检日期和养路费缴纳日期等。

③ 车主基本信息

车主基本信息包括姓名、性别、出生日期、身份证号码、住址、邮政编码、联系电话和手机号码等。

④ 车主扩展信息

车主扩展信息包括车主的电子信箱、即时通信号码、车主的其他联系人、开户银行、开户账号、税号、所在地区和类别等。

方式二：客户档案的建立

客户档案的管理包括客户购车记录、来访记录、购买配件记录、修车记录、保养记录、跟踪回访记录和投诉记录等。

① 销售记录

如果一个汽车售后服务企业要着手开始建立客户档案，最为直接、简单的方法就是查阅企业销售记录。从销售原始记录中，可以得到现有客户和曾经进行交易的客户的名单，以及企业客户的类型等信息。

② 维修服务登记

利用客户维修服务时进行的登记，是建立客户档案的一个最简单和直接的办法。可以发一张基本信息表请客户自己登记，以获得更多、更准确的客户信息，但是需要得到客户的同意和配合。在现实中，很多客户不愿花费时间和精力填写登记卡，即使填了也难以保证质量。当遇到这种情况时，企业可以采取赠送小礼品、价格上的优惠等方式来吸引客户自愿登记，提高填写质量。

2. 客户档案分析

我们掌握客户的基本信息的目的是要分析客户档案，分析结果可以作为制定服务策略的依据。由于受到地域和时间等因素的影响，进行客户档案分析利用的内容也不尽相同。

一般说来，常用的客户档案分析内容有客户地域构成分析、企业收入构成分析、客户信用度分析和客户资产回报率分析等方面。

内容一：客户地域构成分析

分析客户地域构成是一种最为简单、普遍的档案分析方法。主要分析企业客户总量中每个地域客户分散程度、分布地域和各地域市场对企业的重要程度，作为设计、调整分销和服务网络的重要依据。需要指出的是，这种构成分析至少要利用5年以上的资料，才能反映出客户构成的变动趋势。

这种分析方法主要针对一些连锁经营的汽车服务企业。

内容二：企业收入构成分析

分析各类客户及每位客户在企业总收入中所占的比例，及这一比例随时间推移的变动情况，用以表明企业服务的主要对象，从而划分不同规模的客户。企业收入构成分析对于明确促销重点、掌握渠道变动情况是十分重要的。

内容三：客户信用度分析

利用客户档案记录内容，详细、动态地反映客户的行为特点及状况，从而制定不同客户的付款条件、信用限度和价格优惠等方案，还可以对客户的信用度进行定期的评判和分类。信用度分析中信用等级较高的客户可作为业务发展的重点，并给予其一定鼓励或优惠，如优先服务、特殊服务、优惠价格和信用条件等。

内容四：客户资产回报率分析

客户资产回报率是分析企业从客户那里获利多少的有效方法之一。这种方法只考虑从客户的毛利中减去直接客户成本，包括维修费用、服务费用和送货费用等，而不考虑企业的研究开发、设备投资等费用，从而得出的客户的回报率。

在企业实际经营过程中可根据自身的需要，有针对性地分析某个或某几个方面。

除上述四个客户档案分析内容外，其他的还有客户与竞争者关系分析、客户占有率分析、开发新客户与损失客户分析、企业营销效果分析、合同履行分析等。客户档案管理是为了利用这些信息，使其在实现企业的客户向导中真正发挥作用，实现信息的价值。因此，要在建立客户档案的基础上，不断开发利用档案信息内容。客户档案不仅在客户关系管理，而且在企业面向客户服务的各项工作中都具有广泛而重要的作用。

3. 客户档案管理

客户档案管理，是汽车维修企业业务管理的基础工作。

● 客户进服务中心后，维修接待人员应及时为客户建立档案。客户档案由业务部门负责收集、整理和保存。客户档案应按一车一档、一档一袋的原则进行管理。客户档案内容包括维修合同、检验签证单、竣工证存根、工时清单、材料清单等；汽车一级维护、小修的资料在维修登记本中保存，如图4-1所示。

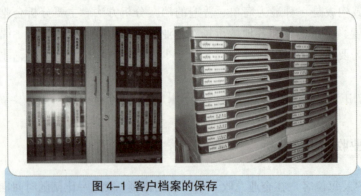

图4-1 客户档案的保存

● 对客户基本信息进行整理，并利用计算机存档；纸质档案应保持整齐、完整，不得混杂乱装，档案袋应有明确的标识，以便检索查询，同时防止污染、受潮、遗失。

- 车辆维修竣工后，检验员应在车辆技术档案中记载总成和重要零件更换情况及重要维修数据（如气缸、曲轴直径加大尺寸）。
- 单证入档后除相关工作人员外，一般人员不得随意查阅、更改、抽换。如确需更正，应经有关领导批准同意。
- 档案内容有客户有关资料、客户车辆有关资料、维修项目、修理与保养情况、结算情况、投诉情况，一般以该车"进厂维修单"的内容为主。老客户的档案资料表填好后，仍存入原档案袋。
- 客户维修档案应保存两年或两年以上。

案 例

以精益求精的工匠精神塑造企业文化

铸就一片有灵魂的玻璃，无论企业还是员工，都要带着一份"匠心"。福耀成功的关键就在于一直秉持"发展自我、兼善天下"的理念，把"工匠精神"提升为福耀的企业文化。

首先，在于尊重自己所从事的事业，带着责任感和使命感做事。在福耀人眼中，玻璃不仅关乎每个人的安危，还是一件件艺术品。福耀从创立之初就立志"为中国人做一片属于自己的玻璃"，"为汽车玻璃专业供应商树立典范"，及时导入全面质量管理体系，把5S和六西格玛作为全员的工作准则，让这一片玻璃承载着中国人的精气神，让全世界都看到中国制造的品质内涵。这种使命感，是每个福耀人奋斗的动力，也衍生出福耀的品牌口号——"使命创造未来"。

其次，成就事业必须专业，而专业源自于专心。在单一领域里做强、做精，不受资本市场的诱惑，不赚快钱，这是很多公司做不到的，而福耀做到了。福耀三十年如一日专注于汽车玻璃事业，打造了"四品"（人品、产品、品质、品位）品牌理念。其中"人品"被视为福耀品牌的基石，而"产品"是品牌的载体，"品质"是让客户和社会认同的产品质量，"品位"是产品影响人们生活的文化形态。在"四品"理念之下，涌现了一大批敬业爱岗的福耀人：潜心于一个细分领域，耐得住寂寞，专注自己的手艺，铸就优秀的品质。而福耀也在企业层面上鼓励、支持这样的员工。

以质量创新的精神改变中国制造形象

工匠精神不仅意味着精益求精，还代表了对创新的追求。虽然福耀公司目前经营步入良性轨道，业绩向好，但是董事长曹德旺先生清醒地意识到经营企业如逆水行舟，必须有强烈的危机意识，回归创业之初的心态，促进企业的转型升级，以创新来打造福耀可持续发展的竞争优势，为中国制造业转型升级树立样板。所以，福耀一方面加大国际化的步伐，拓展全球市场并对汽车厂提供更好的现代化服务；另一方面响应"中国制造2025"的号召，推进智能制造，以智能化工厂、智能化管理、智能化产品、智能化服务更好地为客户创造价值。

企业的未来重在质量创新，而质量创新必须有科技研发作为支持。福耀早期生产"裸玻"，随着汽车工业的飞速发展和智能化汽车的出现，现在客户需要能为他们提供更多汽车玻璃的个性化产品解决方案，并参与同步设计，因此，就需要提供更多集成化、模块化、智能化的服务，对于全体福耀人，这是挑战、机遇，更是再出发。2020年，福耀集团ERP、MES等信息化项目正稳步推进，实施结合机器人在内的自动化改造与生产设备智能化改造。集团将利用信息通信技术，实现人、机、物互联，最终建成生产数据在线采集、实时反馈、自我管理的智慧工厂。通过在信息和制造层面实施整合，福耀集团将探索并形成一套集研发设计、市场营销、供应协同、生产制造、售后服务、经营管理于一体的"大数据"应用平台，实现定制化产品、自动化制造、智能化运营的福耀模式，打造中国制造业的工业4.0范本。

五、会员折扣管理

在吸引到客户之后，商家仍需要持续地努力，才能够长期地留住客户，让其成为忠诚客户。其中，会员制度就是留住客户的常用办法之一，同时也是客户关系管理的一种有效手段。一套完善的会员制度，是与客户建立良好关系的纽带与桥梁。会员制度的管理内容有很多，下面主要介绍会员制度中的重点知识之一：会员折扣制度。

折扣，即厂商在向客户提供商品或服务时，在普通定价的基础上以一定的优惠价格收取费用。会员折扣就是为客户建立会员档案，然后为会员提供比普通客户更为优惠的消费折扣。在维修管理中，折扣可以使用在维修的项目和维修的配件这两个方面。例如，在维修厂中，维修项目的工时费采取折扣优惠措施就会让客户感觉到实惠，从而增加客户对修理厂的好感，留住了客户。有的维修厂也会对配件的价格进行优惠，也有的采取工时、配件的双优惠。

因为维修工时费和配件费的性质有所不同，所以在一般的修理厂，会将维修的工时费和配件的折扣分开，即一单业务中会出现两个折扣率。不同级别的客户所享受的双折扣率也会有所区别，这样客户级别的划分也就成了会员制度的一个重要内容。一般来说，级别越高的会员，得到修理厂优惠的折扣也就会越多。

六、会员积分管理

会员折扣制度可以让会员每次来店都能够立即享受到优厚的待遇。而会员积分制度则是让会员通过消费的方式积累积分，享受长远的优惠待遇。其方法是为会员建立消费积分的制度，当积分累计到一定程度的时候，就可以把积分用于交换礼品，或者获得某种折扣优惠等。

会员积分制度与会员折扣制度是相辅相成的，是修理厂常使用的会员优惠方法。会员积分制度是会员制度的一种典型方式之一。通过积分，可以使客户进行消费，客户若要积累更多的积分，就需要不断地进行消费，这样就会使商家和客户通过积分纽带达到双赢的目的。

通常，商家会根据积分给会员一定的回馈，或者为会员提供一些增值服务，抑或向会员发放礼品，用以激发客户的持久的消费积极性。当然，伴随着这些回馈，通常也会进行积分的扣减。

任务二 车辆识别和维修配件常识

一、车辆识别

车辆识别代码（Vehicle Identification Number，VIN）由一组字母和阿拉伯数字组成，共17位，又称十七位码。它是识别一辆汽车不可缺少的工具，按照识别代号的编码顺序，从VIN中可以识别出该车的生产国家、制造公司或生产厂家、车的类型、品牌名称、车型系列、发动机型号、车型年款、安全防护装置型号、检验数字、装配工厂名称和出厂顺序号码等。

VIN由三个部分组成：第一部分（第1～3位）为世界制造厂识别代号（WMI），第二部分（第4～9位）为车辆说明部分（VDS），第三部分（第10～17位）为车辆指示部分（VIS）。VIN的构成如图4-2所示。

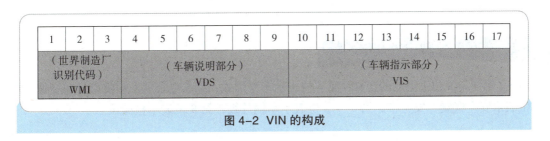

图4-2 VIN的构成

1. 世界制造厂识别代号（WMI）

国际标准化组织（ISO）按地理区域分配给各国世界制造厂识别代号（表4-1），各国再分配给本国的制造厂。所有的WMI由美国汽车工程师学会（SAE）保存并核对。中国由中国汽车技术研究中心标准化研究所代理，并经国家商务部备案。

表4-1 中国、日本、德国、美国的WMI

国别	WMI	生产厂
中国：L	LSV	上海大众
	LFV	一汽大众
	LDC	神龙富康
	LEN	北京吉普
	LHG	广州本田
	LKD	哈飞汽车
	LSY	沈阳金杯
	LSG	上海通用
	LS5	长安汽车

续表

国别	WMI	生产厂
日本：J	JAA，JAJ，JAL	五十铃
	JA5，JB5，JJ5，JMA，JP5	三菱
	JSA	铃木
	JT1，JT7	丰田
	JT6，JT8	凌志
	JHM，JH4，JHG	本田
德国：W（德国） 3（墨西哥生产） 8（阿根廷生产） 9（巴西生产）	WD3，WDB，8A3，8AB，9BM，3MB	戴姆勒—克莱斯勒
	WV1，WV2，WV3，WVM	大众
	WBA，WBS，WB1，4US	宝马
美国：1；4	1FD，1FT	福特
	1G0，1G9	通用
	1B3，4P3	克莱斯勒

我国实行的 VIN 中的 WMI 组成的含义：第1位是"L"，表示中国；第2位和第3位表示制造厂。

2. 车辆说明部分（VDS）

VDS（第 4～9 位）组成的含义：第4位表示车身形式，第5位表示发动机型号和变速器形式，第6位表示安全气囊、安全带，第7～8位表示车辆等级，第9位表示检验位。

3. 车辆指示部分（VIS）

VIS（第 10～17 位）组成的含义：第10位表示车型年份（表4-2），用字母或数字表示，但注意数字不能为0，字母不能为O、U、Q、I、Z；第11位表示装配厂，用数字或字母表示；最后6位表示生产顺序号，一般为数字。

表 4-2 标示年份的字码

年份	代码	年份	代码	年份	代码	年份	代码
1971	1	1981	B	1991	M	2001	1
1972	2	1982	C	1992	N	2002	2
1973	3	1983	D	1993	P	2003	3
1974	4	1984	E	1994	R	2004	4
1975	5	1985	F	1995	S	2005	5
1976	6	1986	G	1996	T	2006	6
1977	7	1987	H	1997	V	2007	7
1978	8	1988	J	1998	W	2008	8
1979	9	1989	K	1999	X	2009	9
1980	A	1990	L	2000	Y	2010	A

4. VIN 的应用

- 车辆管理：登记注册和信息化管理。
- 车辆检测：年检和排放检测。
- 车辆防盗：识别车辆和零部件，是盗抢数据库的重要数据。
- 车辆维修：诊断、配件订购、计算机匹配、客户关系管理。
- 二手车交易：查询车辆的历史信息。
- 车辆召回：年代、车型、批次和数量。
- 车辆保险：保险登记、理赔和浮动费率的信息查询。

5. VIN 举例

下面以桑塔纳 LSVHJ133022221761 为例介绍 VIN，如图 4-3 所示。其代码解读如表 4-3 所示。

图 4-3 桑塔纳 VIN 编码

表 4-3 桑塔纳 LSVHJ133022221761 代码解读

第 1-3 位 世界制造厂识别代码	LSV—上海大众汽车有限公司
第 4 位 车身形式代码	A—4 门折背式车身； B—4 门直背式车身； C—4 门加长型折背式车身； E—4 门加长型折背式车身； F—4 门短背式车身； H—4 门加长型折背式车身； K—2 门短背式车身；
第 5 位 发动机变速器代码	车型系列：上海桑塔纳轿车、上海桑塔纳旅行轿车、上海桑塔纳 2000 轿车 A—JV（026A）/ AHM（014.K）； B—JV（026A）+ LPG / AHM（014.K）； C—JV（026A）/ 2P（013.9）； D—JV（026A）+ LPG / 2P（013.9）； E—JV（026A）+ CNG / 2P（013.9）； F—AFE（026N）/ 2P（013.9）； G—AYF（050B）/ QJ（013.3）； H—AJR（06BC）[AYJ（06BC）] / 2P（013.9）； J—AYJ（06BC）/FNV(01N.A)； K—AFE（026N）+ LPG / 2P（013.9）； L—AYF（050B）+ LPG / QJ（013.3）； M—AYJ（06BC）+ LPG / 2P（013.9）。

第 5 位 发动机变速器代码	车型系列：上海帕萨特轿车 PASSAT A—ANQ（06BH）/ DWB（01W.D）[FSN(0A9.A)]； B—ANQ（06BH）/ DMU（01N.A）[EPT（01N.A）]； C—AWL（06BA）/ EZS（01V.J）； D—AWL（06BA）/ EMG（01W.V）； E—BBG（078.2）/ EZY（01V.B）； L—BGC（06BM）/ EZS（01V.J）； M—BGC（06BM）/ EMG（01W.V）	
	车型系列：上海波罗轿车 POLO A—BCC（036P）/ GET(02T.Z) [FCU(02T.Z)]； B—BCC（036P）/ GCU(001.H) [ESK(001.H)]； C—BCD（06A6）/ GEV(02T.U) [FXP(02T.U)]	
	车型系列：上海高尔轿车 GOL A—BHJ（050.C）/ GPJ（013.D）	
第 6 位 乘员保护系统代码	0—安全带； 1—安全气囊（驾驶员）； 2—安全气囊（驾驶员和副驾驶员、前座侧面）； 3—安全气囊（驾驶员和副驾驶员、前后座侧面）； 4—安全气囊（驾驶员和副驾驶员）； 5—安全气囊（驾驶员和副驾驶员、前后座侧面、头部）； 6—安全气囊（驾驶员和副驾驶员、前座侧面、头部）	
第 7-8 位 车辆等级代码	33—上海桑塔纳轿车、上海桑塔纳旅行轿车、上海桑塔纳 2000 轿车； 9F—上海帕萨特轿车； 9J—上海波罗轿车； 5X—上海高尔轿车	
第 9 位 校验位	0～9 中任何一数字或字母"X"	
第 10 位 年份代码	V—1997；W—1998；X—1999；Y—2000；1—2001；2—2002；3—2003； 4—2004；5—2005；6—2006；7—2007；8—2008；9—2009；A—2010	
第 11 位 装配厂代码	2—上海大众汽车有限公司	
第 12～17 位 车辆制造顺序号		

解读整个 VIN，其含义就是 2002 年上海大众汽车有限公司生产的桑塔纳 2000 型轿车，该车配备 AYJ 发动机，FNV（01N.A）自动变速器，出厂编号 221761。

6. 常见 VIN 的位置

1）仪表板的左侧的前风窗玻璃底部处，如图 4-4 所示。
2）桑塔纳 2000 VIN 位置如图 4-5 所示。
3）帕萨特 VIN 位置如图 4-6 所示。
4）别克赛欧 SRV VIN 位置如图 4-7 所示。

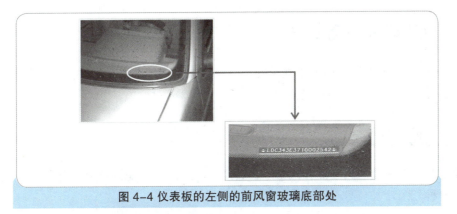

图 4-4 仪表板的左侧的前风窗玻璃底部处

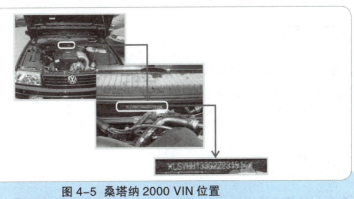

图 4-5 桑塔纳 2000 VIN 位置

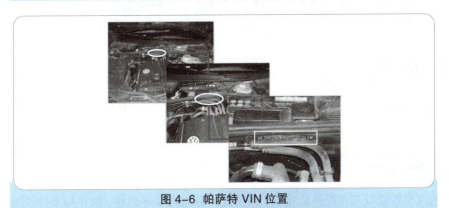

图 4-6 帕萨特 VIN 位置

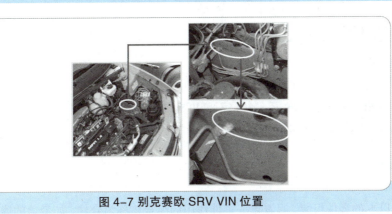

图 4-7 别克赛欧 SRV VIN 位置

二、汽车配件基础知识

构成汽车整体的各单元及服务于汽车的产品统称汽车配件。汽车配件作为商品来说，既具有商品的一般属性，也具有其独特的特点。

特点一：品种繁多

只要是有一定规模的汽配商和汽修厂，其经营活动涉及的配件就会有很多，少则上万种，多则十几万种。

特点二：代用性复杂

许多配件在一定范围内是可以代用的，不同配件的代用性也不一样。例如，轮胎、灯泡的代用性就很强，但是集成电路芯片、传感器等配件的代用性就不强。掌握汽车配件的代用性，是管好汽车配件的重要条件。

特点三：识别体系复杂

一般的汽车配件都有原厂图号（或称原厂编号），而且通常经营者自己还会为其配件进行自编号。

特点四：价格变动快

由于整车的价格是经常变动的，所以汽车配件的价格变动也就更加地频繁了。

1. 汽车配件的类型

在实际的汽车维修及汽车配件应用中，汽车配件分为汽车零部件、汽车标准件、汽车材料三种。

（1）汽车零部件

零件

零件是汽车的基本制造单元，它是不可再拆卸的整体，如活塞、活塞销、活塞环、气门、气门导管、气门锁片等。图4-8所示为汽车发动机上的部分零件。

合件

由两个以上的零件组装，起着单一零件作用的组合体称为合件，如带盖的连杆、成对的轴瓦、带气门导管的缸盖等。合件的名称以其中的主要零件而定名，例如，带盖的连杆定名为连杆。图4-9所示为汽车发动机上的两大合件。

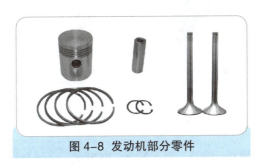

图4-8 发动机部分零件

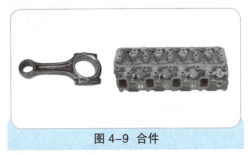

图4-9 合件

组合件

由几个零件或合件组装，但不能单独完成某一机构作用的组合体称为组合件，如离合器压板及盖、变速器盖等。有时也将组合件称为"半总成"件。

总成件

由若干零件、合件、组合件装成一体，能单独起着某一机构作用的组合体称为总成件，如发动机总成、离合器总成（图4-10）、变速器总成等。

车身覆盖件

由板材冲压、焊接成形，并覆盖汽车车身的零件称为车身覆盖件，如散热器罩、翼子板等。图4-11为两大车身覆盖件。

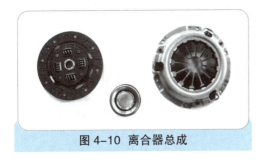

图4-10 离合器总成

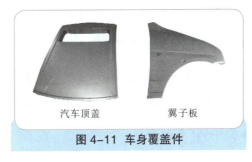

汽车顶盖　　　　翼子板

图4-11 车身覆盖件

（2）汽车标准件

按国家标准设计与制造，对同一种零件统一其形状、尺寸、公差、技术要求，能通用在各种仪器、设备上，并具有互换性的零件称为标准件，如螺栓、垫圈、键、销等。其中，适用于汽车的标准件称为汽车标准件。图4-12为几类汽车标准件。

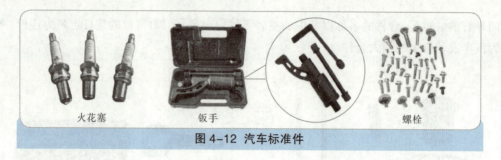

图 4-12 汽车标准件

（3）汽车材料

汽车材料一般指的是汽车的运行材料，如各种油料、溶液、汽车轮胎、蓄电池、金属材料等。汽车材料大多是非汽车行业生产而由汽车使用的产品，一般不编入各车型汽车配件目录，所以也将其称为汽车的横向产品。

常用的汽车材料包括以下几个部分：
- 常用润滑材料；
- 常用油、液；
- 汽车油漆；
- 金属材料。

2. 汽车配件的编号规则

（1）我国汽车零部件的编号规则

我国现今沿用的汽车零部件编号按 QC/T 265—2004《汽车零部件编号规则》统一编制。该标准规定了各类汽车、半挂车的总成和装置及零件号编制的基本规则和方法，适用于各类汽车和半挂车的零件、总成和装置的编号。

①汽车零部件编号方式

完整的汽车零部件编号由企业名称代号、组号、分组号、源码、零部件顺序号和变更代号构成。零部件编号方式根据其隶属关系可按下列三种方式进行选择。

- 零部件编号方式一：

●零部件编号方式三：

上述三种方式中的"□"表示字母，"○"表示数字，"◇"表示字母或者数字。

零部件编号方式中的企业名称代号由两位或三位汉语拼音字母表示；源码用三位字母、数字或字母与数字的混合表示设计来源、车型中的构成、产品系统，由企业自定；组号用两位数字表示汽车各功能系统分类代号；分组号用四位数字表示各功能系统内分系统的分类顺序代号；零部件顺序号用三位数字表示功能系统内的总成、分总成、子总成、单元体、零件等顺序代号；变更代号为两位，可由字母、数字或字母与数字混合组成，由企业自定。

② 汽车组合模块编号方式

汽车组合模块组合功能码由组号合成，前两位组号描述模块的主要功能特征，后两位组号描述模块的辅助功能特征。例如：10*16 表示发动机带离合器组合模块，10*17 表示发动机带变速器组合模块，17*35 表示变速器带手制动器组合模块。汽车组合模块编号见表4-4。

表4-4 汽车组合模块编号

组合模块号	组合模块名称
10*17	发动机带变速器组合模块
10*16	发动机带离合器组合模块
17*35	变速器带手制动器组合模块
18*35	分动器带手制动器组合模块
50*38	驾驶室带仪表盘组合模块

③ 组号和分组号的编制

汽车零部件编号中包含了组号与分组号，汽车零部件编号共有64个组号，部分分组情况如下：
●组10，发动机，分组：1 000~1 030；
●组11，供给系，分组：1 100~1 156；
●组12，排气系，分组：1 200~1 209；
●组13，冷却系，分组：1 300~1 314；
●组15，自动液力变速器，分组：1 500~1 508；
●组16，离合器，分组：1 600~1 609；
●组17，变速器，分组：1 700~1 722；
●组18，分动器，分组：1 800~1 807；
●组20，超速器，分组：2 000~2 004；
●组21，电动汽车驱动系统，分组：2 100~2 15l；

- 组22，传动轴，分组：2 200~2 241；
- 组23，前桥，分组：2 300~2 311；
- 组24，后桥，分组：2 400~2 409；
- 组25，中桥，分组：2 500~2 513；
- 组27，支撑连接装置，分组：2 700~2 741；
- 组28，车架，共11个分组：2 800~2 810；
- 组29，汽车悬架，共21个分组：2 900~2 965；
- 组30，前轴，分组：3 000~3 011；
- 组31，车轮及轮毂，分组：3 100~3 113；
- 组32，附加桥（附加轴），分组：3 200~3 203；
- 组33，后轴，分组：3 300~3 303；
- 组34，转向系统，分组：3 400~3 418；
- 组35，制动系，分组：3 500~3 568；

（2）丰田汽车零部件编号规则

汽车配件编码是指汽车零部件的唯一识别编号，又常被称为"汽车配件编号""汽车零件编码"、"汽车零件编号"等。每个汽车制造厂商均有自己的一套零件编号体系，一般采用10~15位数字或数字字母组合而成。丰田汽车零件编号一般由10个或12个数字或英文字母组成，各代表一定的含义。

①零件代码

由10或12位数字和字母组成的代码组，用以标示零件。前5位代表着零件的名称及属性，也就是说，代表这是什么零件；中间5位是设计编号和变更编号；后2位是附属号，表示零件的颜色及其他。

②单一件编号

前面5位全部没有0。

③半总成件编号

半总成件由2个以上的零件组成。第3和第4个数字有一个为0或两个全为0，但第5个不为0。

④ 总成件编号

由单一件或半总成件所组成。第5位为0，组成件数较多，则第3、4位为0，如丰田汽车ABS泵总成编号为44540-06060或44540-06040。

⑤ 组件编号

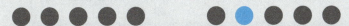

由中心件和几个其他小件组成。第7位为9，最后一个数字由5~9的数字组成，如发动机连杆组件编号为13201-79025。

⑥ 修理包编号

前两位由04开头，如发动机大修包，它的固定编码号就是04111。

⑦ 专用工具编号

专用工具零件编号一般都以09开头，但部分随车工具除外。

3. 如何鉴别正规配件

汽车配件分原厂配件和副厂配件，原厂配件又称纯正配件，是与汽车制造厂配套生产的装车件或汽车制造厂质检认可的零配件，汽车配件涉及的车型多，品种规格复杂，仅一种车型的配件品种就不下数千种。汽车维修企业和配件经营企业一般没有完备的检测手段，但只要我们熟悉汽车结构以及制造工艺和材质等方面的知识，正确运用检验标准，凭借积累的经验和一些简单的检测方法，也能识别配件的优劣。拿到汽车配件时，我们一般采用观察法或对比法，如果有条件则采用检测法。

（1）观察法

①查看商标

认真查看商标，上面的厂名、厂址、等级和防伪标记是否真实。仿冒制假大多是短期行为，但防伪标志的制作不是一件简单的事，需要一笔不小的投资。另外在商品制作上，正规的厂商在零配件表面有硬印和化学标记，注明了零件的编号、型号、出厂日期，普遍采用自动打印，字母排列整齐，字迹清晰，小工厂和小作坊是很难模仿的。如图4-13是原厂福耀牌后风窗玻璃与副厂后风窗玻璃的商标，两者是有区别的，购买时应认准商标。

图4-13 原厂商标与副厂商标的差别

② 查看包装

汽车零配件的制造精度很高且互换性很强，为了能长时间存放而不变质、不生锈，需在产品出厂前用低度酸性油脂涂抹。正规的生产厂家，对包装盒的要求十分严格，要求无酸性物质，不产生化学反应，有的采用硬型透明塑料抽真空包装。较好的包装能提高产品的附加值和身价，箱、盒大多采用防伪标记，常用的有镭射、条码、暗纹等。在采购配件时，注意观察这些防伪标记。

③ 查看文件资料

汽车配件在出厂时配有产品说明书，产品说明书是生产厂进一步向用户宣传产品，为用户做某些提示，帮助用户正确使用产品的资料。通过产品说明书可增强用户对产品的信任感。

如果配件的采购数量较大，那就必须查询相关技术鉴定资料。进口配件还要查询海关进口报关资料。国家规定，进口商品应配有中文说明，一些假冒进口配件一般没有中文说明，且包装上的外文，有的语法不通，甚至写错单词，一眼便能分辨真伪。

④ 观察零件表面

对于金属机械配件的鉴定，可以查看其表面处理。表面处理包括电镀工艺、油漆工艺、电焊工艺、高频热处理工艺等。汽车配件的表面处理是配件生产的后段制造工艺，汽车金属零件的表面处理涉及很多现代科学技术。国际和国内的名牌大厂在先进工艺上投入的资金是很大的，特别对后段工艺更为重视，投入资金少则几百万元，多则上千万元。制造假冒伪劣产品的小工厂和手工作坊有一个共同特点，就是采取低投入掠夺式的短期经营行为，很少在产品的后段工艺上投入技术和资金，而且也没有这样的资金和技术手段。

⑤ 观察非使用面的表面伤痕

从汽车配件非使用面的伤痕情况，也可以分辨是正规厂生产的产品，还是非正规厂生产的产品。

零件的表面伤痕是在中间生产工艺中由于产品相互挤压碰撞留下的。优质的产品是靠先进科学的管理和先进的工艺技术制造出来的。生产一个零件的工序少则几十道，多则上百道，而每道工序都要配备工艺装备，其中包括工序运输设备和工序安放的工位器具。高质量的产品有很高的工艺装备系数做保障，所以高水平工厂的产品是不可能在中间工艺过程中互相碰撞的。以此推断，凡在产品不接触面留下伤痕的产品，肯定是小厂、小作坊生产的劣质品。

（2）对比法

将标准零件与被检零件做比较，从中鉴别被检零件的技术状况。例如，气门弹簧、离合器膜片弹簧、制动主缸弹簧和轮缸弹簧等。将这些被检弹簧与同型号的标准弹簧（最好用正厂配件）相比较，看弹簧的自然长度是否相等以及在同一压力压下后弹簧长度的变化是否一致。图4-14所示是使用千分尺测量弹簧自由状态下的长度。

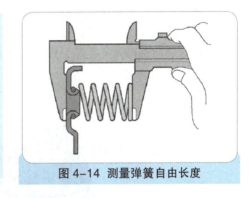

图4-14 测量弹簧自由长度

案例一：如何分辨真假机油滤清器

机油滤清器是我们最常用的汽车损耗品，几千千米就要跟机油一起更换。别看这个小零件的价格不贵，但在发动机正常运转过程中起着举足轻重的作用。如果它出了问题，轻则令油耗加大、发动机加剧磨损；重则让发动机报废、损失惨重。

真货的特点（图4-15）：

- 滤清器表面厂标字体印刷清晰，印刷用油漆质感好，为纯白色。
- 内部设有旁通阀，保证任何状态下都有足够量的机油供应。
- 复杂的抑制回流设计，确保机滤中存有下次起动所必需的机油，降低冷起动时的磨损（所有正厂滤清器都有这一功能）。
- 出厂前装有保护袋，在接口处有润滑黄油，垫片的密封材质好。
- 滤纸材质根据所用机油专门研发，密度适中，确保机油的过滤性。
- 滤芯中的金属通油网形态标准，保证机油通过量。

图4-15 真货的特点

假货的特点（图4-16）：

- 滤清器表面字体印刷模糊或不够清晰，字体印刷油漆表面劣质、较薄。
- 没有旁通阀，滤清器一旦发生堵塞，发动机将无法获得足够的机油润滑。
- 熄火后没有抑制机油回流功能，冷起动时的发动机磨损会更大。
- 垫片的密封材质差，高温高压下可能造成机油的渗漏，甚至导致起火。
- 滤纸材质不一，难以起到预定的过滤效果。
- 金属通油网做工粗糙，难以保证通油量的充沛。

图4-16 假货的特点

伪劣的机油滤清器不仅影响机油泵对发动机的正常润滑供油，而且由于粗制滥造，主油道的接口处可能会有密封不严的情况发生，造成机油在机滤与缸体的接合面蹿出，结果就会造成机油渗漏、发动机散热不良等故障，严重时还会爆缸。

案例二：副厂产品顶替纯牌配件

据一车主介绍，不久前他驾驶的一辆雅阁汽车与另一辆车发生相撞后车头损坏，就近到市郊修理厂修理。厂方承诺，所有维修配件均为广本原厂正品部件。待汽车修理完毕后，材料、工时结算清单上共计维修费用40 000元，车主与厂方协商打折后为35 000元。车主将车子开回市区后，总感到轿车的噪声、漆面等没有原来的好，于是将车开到该品牌汽车特约销售服务店检查。经该特约销售服务店工作人员逐一检查后发现，该车的前车线束、排气支管外罩、右ABS传感器、室外温度传感器、换挡电磁阀、变速器上支架、机盖内衬、气袋线圈、电瓶支架、水箱下挡板等10项配件均未更换过，而在维修材料结算清单里却一项一项列着，结算价格共计4 300元。另外，像电瓶、冷凝器、喇叭、助力泵油杯、上下水管、分电盘盖、进气管第一节、空气格总成、高压线、机盖撑杆部件，均为副厂产品，这10项配件的价格为3 890元。而在市郊修理厂出具的材料、工时结算清单上，清楚地写着"以上配件均为广本原厂正品部件"。

4. 汽车的主要零部件及易损件

（1）发动机的主要配件

①曲柄连杆机构的主要配件

　　曲柄连杆机构的主要配件有气缸体、气缸盖、气缸垫、气缸套、活塞、活塞销、活塞环、连杆、曲轴、连杆轴瓦及曲轴轴瓦、飞轮等。曲柄连杆机构如图4-17所示。

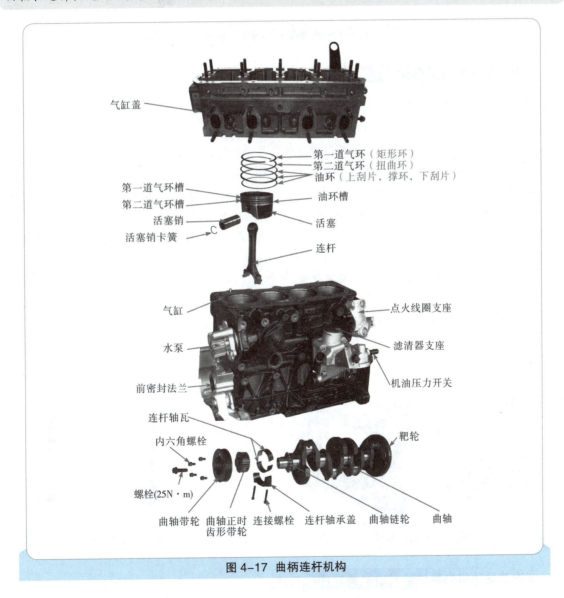

图4-17 曲柄连杆机构

　　活塞、活塞环、活塞销都是发动机的易耗件，它们的供应单位为组。一般汽油机有两道气环，柴油机有三道气环，各有一个油环。这三种配件是发动机的主要易耗件，销量大、规格多，是常销必备品种。

气环是所有发动机零部件中寿命最短的；连杆螺栓、螺母及轴瓦为易损件，销量较大；曲轴轴瓦为易耗件。图4-18为曲柄连杆机构中的易损件。

图4-18 曲柄连杆机构中的易损件

② 配气机构的主要配件

配气机构有多种形式，其中包含气门顶置式，如图4-19所示。

气门顶置式配气机构包括气门组和气门传动组两大部分。

气门组包括进、排气门，进、排气门座，气门导管，气门弹簧；

气门传动组包括定时齿轮、凸轮轴、挺柱、推杆、摇臂轴、摇臂等。

气门是易耗件，其损坏现象为头部因工作热疲劳而烧蚀凹陷，杆部磨损。排气门因工作环境恶劣，其耗量比进气门大，很容易出现烧蚀的气门，如图4-20所示。

气门导管在气门杆与气缸或气缸盖之间起导热作用，属易耗配件，在发动机大修中常用新品置换。

气门弹簧多为圆柱形螺旋弹簧，属易耗件。

气门挺柱是易耗件。

正时齿轮是易耗件，在发动机的维修作业中常被更换。

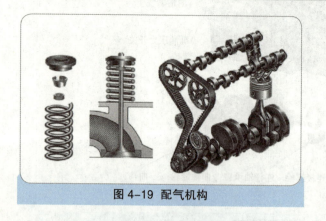

图4-19 配气机构

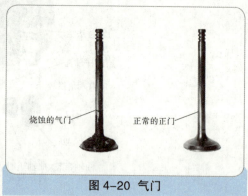

图4-20 气门

③ 汽油发动机燃料供给系的主要配件

发动机燃料供给系由燃料箱、汽油滤清器、油泵、输油管、空气滤清器、化油器、进排气歧管、进排气总管、消声器等组成。其中汽油滤清器、空气滤清器及油泵是易损件。

④柴油发动机燃料供给系的主要配件

它一般由柴油箱、输油泵、柴油滤清器、喷油泵、喷油器及油管等组成。喷油器安装在气缸盖上，内有针阀及针阀体偶件，是一种易耗件。

⑤冷却系的主要配件

冷却系的主要配件有散热器、节温器、百叶窗、冷却风扇、水泵、连接水管、补偿水桶等。散热器和节温器都是易耗件；水泵的压力及流量都有规定，它是易耗件。水泵如图4-21所示。

⑥点火系的主要配件

点火系的主要配件有点火开关、点火线圈、分电器（断电器、配电器、电容器、点火提前调节装置等）、火花塞、电源（蓄电池和发电机）。火花塞为易损件。图4-22为使用较长时间后烧蚀的火花塞。

图4-21 水泵

图4-22 烧蚀的火花塞

⑦润滑系的主要配件

润滑系的主要配件有机油泵、机油滤清器、机油冷却器、油底壳、集滤器。机油泵和机油集滤器（图4-23）是易损件。

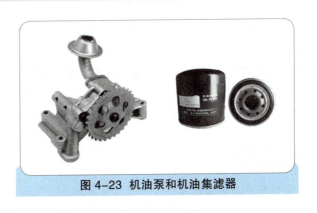

图4-23 机油泵和机油集滤器

（2）底盘的主要配件

①传动系的主要配件

传动系主要由离合器、变速器、万向传动装置（万向节和传动轴）、驱动桥（主减速器、差速器、半轴、驱动桥壳）等部件组成。

离合器中的从动盘和分离杠杆属易损件。图4-24为磨损的离合器片（从动盘）。

变速器和差速器凸缘、凸缘叉、万向节滑动叉、传动轴凸缘叉、花键轴头是维修配件接单件供应。

②行驶系

汽车的行驶系由车架、车桥、悬架和车轮组成。

悬架的钢板弹簧的供应单位分为总成和零片。在通常情况下，可用更换零片的方法修复，故零片的耗量更多，特别是第一、二、三片最易断裂。钢板弹簧销和衬套及U形螺栓是易损件。

转向桥中的主销和轴承是转向桥中的易损件。

轮胎是易耗件。图4-25是行驶里程较长、磨损严重的轮胎。

图4-24 磨损的离合器片

图4-25 磨损的轮胎

③转向系

转向系一般由转向操纵机构、转向器和转向传动机构三大部分组成。
- 转向操纵机构由转向盘、转向轴、转向柱管、衬套等组成。转向盘为易损零件。
- 转向器较多以总成的形式更换。
- 转向传动机构由转向摇臂、转向节主动臂、转向节臂、转向纵拉杆、转向横拉杆和右转向节等组成。

主销、主销衬套、主销轴承、主销销钉及螺母、调整垫片的消耗量较大。

④制动系

制动系由制动器和制动驱动机构组成。

制动器因工作条件恶劣及使用频繁，故零件都是易耗件，尤以摩擦衬块消耗量最大。盘式制动器中的扇形摩擦衬块属易耗件。更换前的制动衬块磨损量很大，如图 4-26 所示。

液压制动总泵由泵壳、活塞、皮碗、皮圈、总泵弹簧、控制阀、推杆等组成，它们都是易耗件。

制动软管、制动油管或空气管是易耗件。

制动操纵机构包括制动踏板、拉杆、操纵臂、传动杆、回位弹簧、踏板支架、踏板轴等，这些都是易损件。

驻车制动器的操纵机构在购销活动中，用户以更换总成的为多。

图 4-26 更换前的制动衬块与新的制动衬块

（3）电气设备的主要配件

汽车电气设备主要由以下配件组成。

▶ 蓄电池

蓄电池在使用一定年限后充放电状态欠佳，使用效果变差。蓄电池属于不可维修件，需要更换新配件。

▶ 交流发电机

发电机常因绕组线圈断路、短路、电枢轴承磨损等原因导致供电不足或不发电；整流二极管因常受高峰电压的冲击而击穿损坏，一般小故障可配换损伤零件，但大多是更换发电机总成。

▶ 电压调节器

电压调节器可分为触点式电压调节器、晶体管调节器和集成电路调节器。触点式电压调节器因可靠性差，寿命短，现已淘汰。晶体管调节器和集成电路调节器因重量轻、体积小、使用寿命长等优点，现在广泛应用于低、中、高档汽车上。晶体管调节器损坏可采用其他型号的调节器代替，但代用调节器的标称电压与搭铁形式必须与原调节器相同，否则，发电机可能由于励磁电路不通而无法正常工作。集成电路调节器必须是专用的，是不能被代替的。

起动机

常见的损坏现象有起动开关触点烧蚀，电磁开关、电枢、磁极、励磁绕组断路、短路，换向器磨损，轴承损坏，拨叉行程调节距离不准，驱动齿轮打伤磨损。

点火系

点火线圈是一种消耗较多的易损件，电容器、火花塞属易耗件。

汽车灯具

汽车灯具中的灯泡（图4-27）在使用一段时间后由于灯丝老化会出现亮度不够，用电增加等不良现象，甚至烧毁，特别是一些副厂灯泡情况更严重，建议使用品牌件。

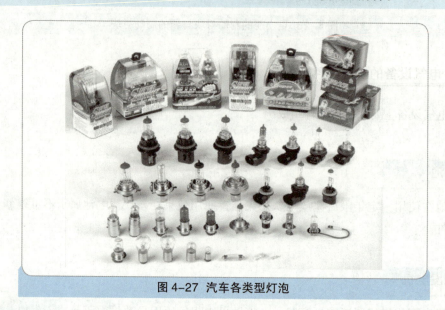

图4-27 汽车各类型灯泡

汽车仪表

现代汽车仪表一般包括电流表、机油压力表、水温表、燃油表、车速里程表和发动机转速表。不同汽车装用的仪表个数及结构类型不同。

辅助电气设备

辅助电气设备包括电喇叭、风窗刮水器、风窗洗涤器、暖风机、除霜器和电子防盗装置等。

汽车线束

汽车线束由导线、端子、插接器、护套等组成。

任务三 汽车维修合同

汽车维修合同是一种规范承修人和托修人双方权益和行为的法律文书，对汽车维修行业的健康持续发展具有重要的保障作用。

一、维修合同的概念与作用

汽车维修合同是承修、托修双方当事人之间设定、变更、终止民事法律关系的协议，它属于加工承揽合同。

加工承揽合同是承揽方按照定做方提出的要求，完成一定工作，定做方接受承揽方完成的工作成果，并给予约定报酬的协议。

签订汽车维修合同是承修、托修双方意思表示一致的法律行为。意思表示不一致时，合同不成立。在合同关系中，承修、托修双方当事人的地位是独立、平等、有偿、互利的。同时，维修合同具有以下三点作用。

- 维护汽车维修服务市场的秩序；
- 促进汽车维修服务企业向专业化、联合化方向发展；
- 有利于汽车维修服务企业经营管理的改善。

二、维修合同的主要内容

按照交通部和国家工商行政管理总局发布的《汽车维修合同实施细则》的规定，汽车维修合同主要有以下内容。

- 承、托修方的名称；
- 签订日期及地点；
- 合同编号；
- 送修车辆的车种、车型、牌照号、发动机型号（编号）、底盘号；
- 维修类别及其项目；
- 预计维修费用；
- 质量保证期；
- 送修日期、地点、方式；
- 交车日期、地点、方式；
- 托修方所提供材料的规格、数量、质量及费用结算原则；
- 验收规范和方式；
- 结算方式及期限；

- 违约责任和金额；
- 解决合同纠纷的方式；
- 双方商定的其他条款。

三、维修合同的签订与规范

1. 维修合同的签订

（1）签订原则

汽车维修合同必须按照平等互利、协商一致、等价有偿的原则依法签订，承修、托修双方签章后生效。

（2）签订范围

属于下列汽车维修作业范围的，承、托修双方必须签订维修合同：
- 汽车大修；
- 主要总成大修；
- 二级维护；
- 维修预算费用在1 000元以上的作业项目。

（3）签订形式

汽车维修合同的签订形式分两种：
- 第一种是长期合同，就是最长在一年之内使用的合同；
- 第二种是即时合同，就是一次使用的合同。

承修、托修双方根据需要也可以签订单车或成批车辆的维修合同，还可签订一定期限的包修合同。如果是代签合同，则必须要有委托单位证明，根据授权范围，以委托单位的名义签订，对委托单位直接产生权利和义务。

2. 维修合同范本示例

汽车维修合同

托修方（甲方）：＿＿＿＿＿＿＿＿＿＿＿＿
承修方（乙方）：＿＿＿＿＿＿＿＿＿＿＿＿

根据《中华人民共和国合同法》等法律、法规的规定，甲乙双方在平等、自愿、公平、诚实信用的基础上，就汽车维修事宜达成协议如下：

第一条　维修车辆

1. 车牌号：_____　　2. 发动机号：_____　　3. 颜　色_____

4. 车型：_____　　5.VIN/车架号：_____　　6. 行驶里程数：_____

第二条　维修类别与项目

乙方应当对承修车辆进行维修前诊断检验，提出需要维修的类别和项目，填写《车辆维修前诊断检验单》。甲方确认后在该《车辆维修前诊断检验单》上签字。

第三条　维修配件材料

1. 乙方提供维修配件材料的，应当如实填写材料清单，分别标明原厂配件、副厂配件或者修复配件，明码标价，并保证质量。

2. 乙方在维修中换下配件、总成等，交由甲方自行处理。

第四条　维修价格

1. 甲方同意乙方按照公示的工时单价_____元／工时、材料进销差价率_____%进行计价。

2. 结算工时定额执行标准：汽车制造企业提供 □　　市交通管理局制定 □。

3. 维修预算费用_____元，大写_____。其中：工时费_____元，大写_____；材料费_____元，大写_____。

4. 维修费用高于或低于维修预算费用的_____%时，由双方协商解决，否则按照实际发生的维修费用结算。

第五条　车辆交接

乙方接收待修车辆时，甲方应当自行取走车内可移动物品。车上附件、设备等填入《车辆维修前诊断检验单》的，乙方在竣工交车前对其及承修车辆负有保管责任。

第六条　质量标准

1. 质量标准执行：国家标准 □　　行业标准 □　　地方标准 □　　制造企业维修手册等有关资料的要求 □。

2. 质量保证期按照下列第_____项执行。

（1）按照交通部《机动车维修管理规定》第三十七条规定执行：整车或总成修理的质量保证期为车辆行驶XXKm或者100日；二级维护的质量保证期为车辆行驶5 000Km或者30日；一级维护、小修、专项修理的质量保证期为车辆行驶XXKm或者10日。

（2）按照乙方承诺（不低于交通部规定）的"车辆行驶_____Km或_____日"执行。

3. 质量保证期，从维修竣工后，由甲方验收取车的当日起计算；因维修质量问题返修的，其返修的作业项目，从返修竣工后，由甲方验收取车的当日起重新计算。行驶里程和日期指标，以先达到者为准。

第七条　竣工验收

1. 竣工交付日期为_____年_____月_____日前，交付地点为_____。

2. 维修竣工质量检验合格的，对二级维护（含）以上的车辆，乙方应当由维修质量检验人员签发全国统一样式的机动车维修竣工出厂合格证；对二级维护以下的车辆，乙方应当发给维修合格证明（含结算清单）。乙方未签发，甲方有权拒付费用。

第八条　结算

1. 车辆维修竣工后,乙方应当向甲方出具法定的结算票据,并附XX市运输管理处监制的《XX市机动车维修结算清单》,工时费和材料费应当分项列明。乙方未出具法定结算票据及结算清单的,甲方有权拒付费用。
2. 付款方式:现金 □　转账 □　其他 _____ □。
3. 付款期限:_____。

3. 维修合同的填写

- 托修方(甲方):填写送修车辆个人全名或单位全名。
- 承修方(乙方):填写维修企业的全称。
- 维修车辆:需要详细填写待修汽车的详细信息,包含车牌号、发动机号、车辆VIN、车辆颜色、车型以及行驶里程数等。
- 维修类别与项目:根据客户提到的故障点,再次进行诊断检查,填写检验单,并征得甲方签字确认。
- 维修配件材料:服务顾问应该如实填写维修配件材料,标明使用的是原厂配件或是副厂配件亦或是修复配件,不得有以次充好现象,甲方有权要求提供相关证明。在维修中换下的配件和总成,需要询问甲方是否带走或者维修厂代为处理。
- 维修价格:要明码实价,并提供参考依据。服务顾问应给客户详细介绍此部分,做到客户付款满意。
- 车辆交接:服务顾问应详细检查车辆外观有无碰撞磨损痕迹以及行驶里程,并做详细登记,并提醒客户将车上贵重物品带走。在竣工前乙方负车辆保管责任。
- 质量标准:修复后的质量保证。
- 竣工验收:服务顾问应给出确切的竣工交车时间,在确定的交车时间内交付车辆。
- 结算:甲方应按规定时间付款。

4. 汽车维修委托书

目前汽车维修企业使用最多的是汽车维修委托书,委托书详细记录待检修汽车的基本情况、车辆检查情况、车辆需要做的维修情况等。汽车维修委托书如表4-5所示,委托书前三栏记载服务站、客户信息以及车辆信息。

编号：

表 4-5 汽车维修委托书

服务站名称			车辆进站时间		年 月 日 时		服务顾问	
客户信息		□车主 □送修人			地址		联系电话	
车辆信息	车牌号		车型		VIN		发动机号	里程数
作业信息	维修开始时间 年 月 日 时		预计交车时间 年 月 日 时		付款方式 □现金 □信用卡 □其他		非索赔旧件是否带走 是□ 否□	
互动检查	是否有贵重物品 是□ 否□		油箱油量		□空　　□< 1/4 □半箱　□< 3/4　□满箱			
	车身状况漆面检查，损伤部位右图标注				检查结果			
					车身检查			
					车内检查			
					发动机舱			
					底盘检查			
	客户须知： 1. 客户提供的信息真实有效。 2. 维修完成时间以通知客户接车时间为准。 3. 客户应在接到通知 2h 内接车。 4. 客户违反"客户须知"产生的风险和损失需客户承担				客户故障描述：			

外出救援：是□ 否□ 救援里程（往返）：（km） 救援到达时间：

客户确认：本人已阅知并理解上述内容。 客户签字：

维修项目	维修项目	备件	是否索赔	材料费	工时费	小计	维修人	检查人
			□是 □否					
			□是 □否					
			□是 □否					
			□是 □否					
			□是 □否					
			□是 □否					
	预估费用：		费用小计					

客户确认以上维修项目及费用：

新增维修项目	维修项目	备件	是否索赔	材料费	工时费	小计	维修人	检查人
			□是 □否					
			□是 □否					
			□是 □否					
			□是 □否					
	预估新增维修时间：		费用小计					
	预估新增维修费用：							

客户确认以上维修项目及费用：

索赔费用		自费费用		维修总费用		交通补偿费用（元）：	
质检员签字(盖章)：		通知用户接车方式	□现场 □短信 □电话	通知用户接车时间	年 月 日 时	实际交车时间：	年 月 日 时
客户评价	□满意	□不满意	不满意原因：□服务接待 □服务环境 □维修质量 □维修时间 □备件保供 □维修收费 □产品质量				

本人确认以上内容与本人委托需求一致并已提车。 客户签字：

备注：1、此表一式三联，客户一联、客户服务站两联。
　　　2、通知用户接车时间为三包内项目维修完成的时间，三包外项目的维修完成时间不包含在内。

- 作业信息：记载维修开始时间和预计交车时间以及客户的付款方式。
- 互动检查：维修前与客户一起检查车身状况以及漆面，如果有损伤部位则涂上标注，并记录客户表述的故障现象。

互动检查内容填写结束后交由客户签字确认。
- 维修项目：填写当前汽车需要维修的项目，并标注备件使用情况，以及是否索赔，同时标记材料费、工时费、维修人和检查人，最后得出费用小计，再交由客户签字确认。
- 新增维修项目：在维修过程中维修人员重新发现需要维修的故障时，通知服务顾问并在新增维修项目一栏列出，同样需要列出材料费、工时费、维修人和检查人，并得出费用小计。然后征得客户同意并签字确认后才能进行维修操作。

维修竣工后，将余下的表格填写完整，并交由客户对服务进行评价，将客户带到结款处结款，最后在"客户签字"处签字后取车。

任务四　掌握汽车"三包"知识

一、汽车"三包"的含义与原则

1. 汽车"三包"的含义

"三包"指包修、包换和包退。

（1）包修

自购车之日起（以购车发票时间为准），在一定的质量保修期内，因质量问题引起的故障，采取以换件或修复的方式恢复车辆性能。

（2）包换

自购车之日起（以购车发票时间为准），在一定的质量保修期内，因严重的质量问题（如制动失效、转向失效、车体开焊、发动机抱死等），经修理仍达不到车辆主要技术性能指标的，客户可以换车。

（3）包退

自购车之日起（以购车发票时间为准），在一定的质量保修期内，因严重的质量问题（如制动失效、转向失效、车体开焊、发动机抱死等），消费者可以退车。

2. 汽车"三包"的原则

汽车产品实行谁销售谁负责的"三包"原则。对于"三包"有效期内出现的产品质量问题，制造商委托修理商，即常说的特约服务站向客户承担"三包"责任。

二、汽车"三包"的索赔条件

● 包修期限不低于3年或者行驶里程6万km，以先到者为准。三包有效期限不低于2年或者行驶里程5万km，以先到者为准。包修期和三包有效期自销售者开具购车发票之日起计算。

● 自销售者开具购车发票之日起60日内或者行驶里程3 000km之内（以先到者为准），发动机、变速器的主要零件出现产品质量问题的，消费者可以选择免费更换发动机、变速器。

● 在包修期内，因产品质量问题每次修理时间（包括等待修理备用件时间）超过5日的，应当为消费者提供备用车，或者给予合理的交通费用补偿。

● 在三包有效期内出现转向系失效、制动系失效、车身开裂或燃油泄漏，消费者可选择免费更换或退货。

● 在三包有效期内，发动机、变速器累计更换2次后，或者发动机、变速器、转向系、制动系、悬架系、前/后桥、车身的同一主要零件因质量问题，累计更换2次后，仍不能正常使用的，消费者可选择免费更换或退货。

● 在三包有效期内，因产品质量问题修理时间累计超过35日的，或者因同一产品质量问题累计修理超过5次的，消费者可以凭三包凭证、购车发票，由销售者负责免费更换。

三、汽车"三包"的免责条件

● 易损耗零部件超出生产者明示的质量保证期出现产品质量问题的，经营者可以不承担三包责任。

● 在三包有效期内，存在下列情形之一的，销售者对所涉及的产品质量问题，可以不承担三包责任：

· 消费者所购家用汽车产品已被书面告知存在瑕疵的；
· 家用汽车产品用于出租或者其他运营目的的；
· 使用说明书中明示不得改装、调整、拆卸，但消费者自行改装、调整、拆卸而造成损坏的；
· 发生产品质量问题，消费者自行处置不当而造成损坏的；
· 因消费者未按照使用说明书要求正确使用、维护、修理产品，而造成损坏的；
· 因不可抗力造成损坏的。

● 在包修期和三包期有效期内，无有效发票和三包凭证的，销售者可以不承担三包责任。

任务五 维修费用预算与结算

维修服务顾问在业务接待过程中，通常要对客户报修项目的维修费用进行初步的预算，因此，维修服务顾问要了解汽车维修相关费用的制定依据，熟悉企业的收费规范，对维修费用进行预估，对维修项目收费进行解释，减少或避免价格争议，进而提高客户的满意度。

一、维修费用的预算

汽车维修费用的预算，是汽车维修费用结算的前期工作。依据有关规定，托修方在接受维修服务之前有权知道该次维修的费用范围。比较准确地预算汽车维修费用，是汽车维修服务顾问业务素质的具体体现。

1. 汽车维修费用预算的定义

维修费用预算是指汽车维修企业作为承修方与托修方在签订汽车维修合同之前，根据汽车维修前技术状况的鉴定，对所列出的维修项目进行维修费用的估算。

2. 汽车维修费用预算的步骤

第一步：认真听取托修方对车况的陈述，并由汽车维修企业的服务顾问或专职检验员对待修车进行维修前的检验和检测。

第二步：服务顾问介绍维修方案，与托修方共同确定维修项目，再根据所列的项目清单，确定维修工艺过程中所牵涉的工种，预计所需更换的材料费和加工费。

第三步：根据维修工时定额规范及本企业收费规范，计算出维修项目总费用。

3. 汽车维修费用预算对维修服务业务的影响

▶ 影响一：

如果维修费用预算严重超过实际维修费用，托修方就会考虑找别的厂家维修，维修企业就会失去该项业务。

▶ 影响二：

如果维修费用预算比实际维修费用少很多，而在维修过程中又没有合适的理由去向托修方解释，托修方在维修结算时就会产生意见，造成承托双方的费用纠纷。

二、维修费用的结算

汽车维修费用结算,是在承修车辆维修竣工交付使用时,由承修方对车辆维修作业所发生的全部工时费、材料费、外协加工费及其他各种费用,用统计的方法计算出来,向托修方收取全部费用的结算过程。

维修服务企业按汽车维修行业管理部门的规定,车辆维修竣工后,必须出具有效发票,其中工时费、材料费、材料管理费和外协加工费等,必须开列清楚,并附有工时清单、材料清单,其中一份交托修方。工时清单应标明维修项目、工时单价、分项工时费和总工时费用。材料清单应标明材料名称、型号、规格、数量、单价和材料总费用。

汽车维修费用结算公式:

汽车维修费用 = 维修工时费 + 维修材料费 + 其他费用

1. 维修工时费

维修工时费是指汽车维修所付出的劳务费用,即完成一定的维修作业项目而消耗的人工作业时间所折算的费用。

为了让我国汽车维修服务能够规范、统一、客观、合理地计算和收取维修工时费,国家规定汽车维修工时费按统一规定的"工时单价"与统一规定的"工时定额"的乘积进行计算,即汽车维修工时费的计算公式为

工时费 = 工时单价 × 工时定额

(1) 工时单价

工时单价是指在统一规定的完成某种汽车维修作业项目每一小时的收费规范。

根据汽车维修作业项目的不同,工时单价也会不同。一般可将汽车维修工时单价划分为汽车大修(包括发动机、车架、变速器、前桥、后桥、车身等总成大修)、汽车维护(包括一级维护、二级维护)、专项修理(包括小修)三种,各类维修作业项目规定不同的工时单价。

汽车维修工时单价一般由各省交通行业主管部门和物价管理部门统一制定并向社会公布执行。

(2) 工时定额

工时定额是指在统一规定的完成某种维修作业项目所需要的工时限额,亦称为定额工时。汽车维修工时定额是汽车维修服务企业计算和收取汽车维修工时费的最高限额。

汽车维修服务企业在收取汽车维修工时费时,必须严格按照统一的维修工时定额规范进行计算。它一般也是由各省交通行业主管部门和物价管理部门统一制定并向社会公布执行的。

汽车维修工时定额根据汽车维修作业项目的不同,规定了不同类别的工时定额规范。一般主要分为汽车大修工时定额、汽车总成大修工时定额、汽车维护工时定额、汽车小修工时定额四种。

汽车维修工时定额除了用于计算汽车维修工时费以外,在汽车维修服务企业内部还可用做维修作业派工、维修工作量考核等的依据。

2. 维修材料费

维修材料费是指汽车维修过程中合理消耗的材料费用，一般分为配件费、辅助材料费、油料费三类。

3. 其他费用

其他费用就是指上述费用以外的、汽车维修过程中按规定允许发生的费用，主要包括材料管理费、外协加工费等。

思考与练习

简答题

1. 客户档案的建立通常有哪两种方式?

2. 车辆识别码由多少位字符组成?

3. 汽车维修合同有哪三点作用?

4. 汽车"三包"是指哪"三包"?

5. 汽车维修费用结算公式是什么?

课题五
维修客户的行为分析

学习任务

1. 了解客户期望值、满意度、忠诚度对维修企业的影响；
2. 掌握赢得客户信赖的对策。

任务一 客户期望值分析

一、客户期望的种类

对于不同的客户，其期望是有区别的，这取决于客户的性别、年龄、受教育程度和个人经历等诸多因素。即使是以上各种条件相同，但因个体不同，其期望也会有所差异，但大体上可分为一般期望、理想期望和最高期望。

1. 一般期望

一般期望即满足其最基本的要求，如客户来企业维修车辆，企业应按质、按时修好。

2. 理想期望

理想期望即满足其设想的条件，如企业在保证按质、按时维修好车辆的同时，还有非常好的服务态度，且收费合理。

3. 最高期望

最高期望即满足于自己设想的最理想的期望，如除满足以上两点外，修理企业还对其提供了有关车辆使用的注意事项，并提供了一些免费服务等。

二、客户期望的来源

客户期望的来源是多方面的,它主要来源于传媒信息、亲戚朋友的意见以及亲身经历。

> **来源一:传媒信息**
>
> 媒体对维修服务中心、品牌、服务活动的报道和评比等多方面信息将在不同程度上影响客户对其售后服务的期望。

> **来源二:亲戚朋友的意见**
>
> 作为客户,当其在维修服务中心进行汽车维修或其他业务时,如果对维修服务中心的服务表示肯定,心情一定会很舒畅,他就会在他的亲戚、朋友圈中传播。

> **来源三:亲身经历**
>
> 客户在维修服务中心的每一次美好体验都是构筑客户期望的基础,特别是第一次的体验影响更为深远。

三、客户对车辆维修的期望

> **期望一**
>
> 在维修服务中心维修车辆时,应方便快捷:
> ● 维修服务中心应迅速确定维修预约。
> ● 预约应安排在客户更方便的日期和时间进行。

> **期望二**
>
> 维修服务顾问应表现出对客户维修需要的应有关注和重视:
> ● 到达维修服务中心时,能立即得到亲切友好的接待。
> ● 维修接待表现出关注客户维修需要。
> ● 在开始维修工作前,陪同客户一起检查车辆,说明有关故障情况。
> ● 在开始维修工作前,提供精确的预计维修费用。
> ● 提供精确的预计维修结束时间,维修结束时提醒提车时间。
> ● 对待客户应诚实真挚,无欺骗。

期望三

第一次就能按照正确的方法将车辆修理好：
- 严格按照维修的各项规范进行维修作业。
- 维修过程可以可视化，提高维修的透明度。
- 一次即能修复故障。

期望四

按预计时间并以专业化的方式完成车辆维修：
- 维修服务中心在一定时间内维修好客户的车辆。
- 维修服务中心应告知客户有关维修项目的任何变更或额外的必要维护保养。
- 维修服务中心应通知客户有关车辆维修完成时间的任何变更。
- 维修服务中心应让客户在较方便的时间取车。
- 维修技师在维修过程中，应保持客户车辆的清洁。

期望五

维修服务中心就所实施的维修项目进行清晰详尽地说明：
- 交车时应向客户说明所实施的全部维修项目和费用。
- 交车时向客户提供车辆将来所需要的维护保养建议。
- 可以在维修价格上给予一定的优惠。

期望六

在维修后的一个合理时间内，打电话给予客户所希望的关注：
- 在一个合理时间内，给客户打电话，询问是否对维修结果完全满意。
- 愿意随时为客户提供帮助。
- 不定期举行一些活动。

期望七

对出现的问题或客户所关注的事项做出迅速反应：
- 就有关事项与售后服务中心第一次联系时，立即做出答复或解决客户所关注的问题。
- 售后服务中心应向客户提供清晰有益的建议。
- 严格履行对客户所做的承诺。

期望八

维修服务中心优雅舒适的服务环境：
- 维修服务中心要有让客户感到舒适的休息环境。

- 维修服务中心要干净、整洁，体现高品质要求。
- 维修服务中心的人员要符合同客户打交道的人的要求。

客户会将在维修服务中心的亲身体验和自己的期望值做比较，然后做出自己的一个评价。这个评价将直接影响到客户以后是否再次上门接受服务。客户通过比较做出的评价结果将导致下面三种结果的发生：
- 不满足期望值——失望、不满。
- 满足期望值——满意、再次光顾。
- 超出期望值——非常满意，介绍给别人。

四、客户期望信息收集

汽车售后服务企业通过各种途径获得客户期望信息。根据收集来的信息并结合自己的服务特点，分析客户消费行为，从中得出客户的期望，为经营决策提供依据。通常，收集客户期望信息的途径有以下几种。

途径一：客户调查

客户调查是直接对现有客户进行调查的方法，是一种最直接、费用最高、费时最多的方法。汽车售后服务企业可以根据服务的内容制作调查表征求客户的意见，然后把这些意见进行归纳、整理，总结出客户所关注内容的主次程度，得到客户的期望。这种调查可以由企业内部人员进行，也可以利用外部代理进行。

途径二：客户流向

汽车售后服务企业调查有多少客户已经转向自己的竞争对手那里，争取到了多少新的客户。通过分析竞争对手的优势和新客户来到自己这里的原因，从中得到客户的期望。

途径三：电话回访

汽车售后服务企业设立专门人员对现有客户进行电话回访，询问有关客户对企业满足客户期望和需求的满意情况，搜集改进信息。

途径四：重复消费

汽车售后服务企业应当研究为什么客户向自己重复消费。

途径五：服务信息反馈

利用服务信息反馈得知潜在客户的需求和期望，并进行分析，以此获得有价值的信息。

途径六：采访中心

汽车售后服务企业可以设立一个专门机构对现有客户或潜在客户询问有什么需求和期望，通过采访和分析结果，可以发现客户关注的需求。

途径七：产品或服务的可靠性

客户如何看待企业交付的产品或服务的可靠性，客户是否需要使这些产品或服务更为可靠，在改进和提高可靠性方面，企业还能做些什么。

途径八：投诉和抱怨

记录并分析客户的投诉和抱怨是企业在业务控制中的一项重要工作。企业应检查并找出客户投诉和抱怨问题的根源，从中找出原因，找到有关客户期望和需求的信息。

途径九：形象和信誉分析

汽车售后服务企业通过第三方咨询机构，采用电话回访和调查问卷等形式，对企业的形象和信誉方面的情况进行调查，从中得到有关期望和需求方面的信息。

途径十：消费信息反馈

通过对客户消费情况的分析，取得有关客户对价格等方面的需求和期望。

任务二　客户满意度分析

一、客户满意度的定义与影响

1. 客户满意度的定义

ISO9000（质量管理体系标准）规范 2000 年版首次规定了"客户满意"的术语及其定义，并把客户满意作为质量管理体系业绩的一种测评方法，充分说明了在建立与实施质量管理体系过程中，应认真贯彻以客户为关注焦点（中心）的原则，对汽车维修企业来说其主要客户是车主。因此，我们应该把客户满意度测评作为分析和改进维修服务质量管理体系的首要方法。

客户满意度是指一种以客户为中心，以信息技术为基础，客户对我们为其提供的真诚服务，依据自身的感受，给予我们的综合评价。

客户满意度指数（Customer Satisfaction Index，CSI）是当前国内外通行的质量与经济考核指标。

2. 客户满意度对客户的影响

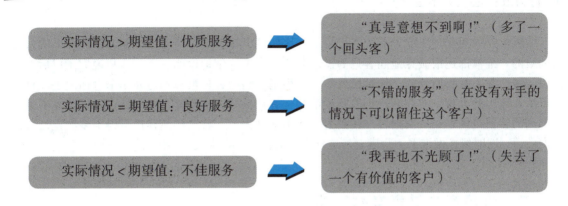

二、易造成客户不满意的行为

行为一：缺乏产品知识

维修服务顾问对产品知识了解不够，甚至一无所知，在接待过程中对客户所提出的问题不能做出正确而及时的答复，这会让客户对服务不信任而另择他处。例如，一位刚买车不久的客户，对车辆上的某个操作按钮不知道怎么使用。他开车来到售后服务中心，向维修服务顾问进行咨询："我这个车买了一段时间了，但是车上有一个按钮的作用和操作方法都不清楚，请你说说这开关是做什么用的？是怎么使用的？"维修服务顾问在不了解产品知识的情况下告诉客户："对不起，这个我也不太清楚，您回去自己看车辆使用手册吧。"

行为二：待人接物不得体

待人接物不得体主要指维修服务顾问待人接物比较粗鲁、不得体，说话的态度不耐烦、对客户爱理不理等。维修服务顾问有时在接待过程中，容易对客户所提出的问题表示不耐烦，特别是在业务较忙或心情不好的时候。美国的一次调查显示，68%的人不会说接待方式不好，只会说是维修服务顾问的态度冷淡。可见态度冷淡往往是使客户转向竞争对手的一个重要原因。

行为三：对待客户的态度不正确

维修服务顾问有时候把自己摆在跟客户平起平坐的位置上，有时候甚至高高在上。

行为四：不重视老客户

对老客户不重视，主要表现在以熟卖熟。老客户来了，说车子有点毛病，维修服务顾问可能觉得大家这么熟了，就拿个扳手给客户，让客户自己把它紧一紧，这样也是不对的。

行为五：注意力不在客户身上

维修服务顾问有时注意力不在客户身上，比如客户打了个电话去维修部，告诉那里的人自己的目的。维修部还很诚恳地问客户的需求是不是能够详细地说明一下。客户说完了以后，他却说：这件事不是我们管的，你打另外一个电话吧！然后客户被转到另外一个电话上去，打过去以后，那边的人再一次要客户把来意说清楚。客户只好再次重复，可他又说这件事也不是他们部门的管辖范围，又一次把客户转到另一个电话上去了。就这样使客户不得不多次重复自己所说的话，这时候换做谁都不会满意。这样做只会让客户更生气。

三、赢得客户满意度的策略

策略一：认真对待问题

一般情况下，客户都是有事才登"三宝殿"。因此不能找借口推脱责任，而是必须把问题承担下来，然后认真地去处理。对客户投诉的处理，全体员工应以客户满意为服务行为准绳，事事、处处从客户的角度出发，为客户着想，站在客户的立场上处理各种问题，尤其要把管理和正确处理客户投诉作为一项十分重要的工作，把客户投诉作为客户送给企业的最好的礼物，甚至给予一定的奖励。鼓励客户向维修企业提意见建议等，从中不断改进服务工作。

策略二：一次就把车修好

要做到这一点，除了关系到维修技术员外，另一个重要的人就是维修服务顾问。维修服务顾问在接待客户的时候，在询问客户维修需求的时候，要很仔细、很准确地把客户车辆的故障情况写在委托书上。如果没有准确地写出来，就会误导后面维修技术员的判断。

策略三：及时更新、改进技术和设备

工作程序、诊断技巧、维修设备和技工的技术水平，都要不断地更新和改进，这样才能够把故障排除，修好车。目前，汽车技术的发展日新月异，技术更新的速度快。因此，售后服务企业要及时对企业人员进行技术培训，根据需要更新维修设备。

策略四：以热情和积极的态度对待客户

当客户说他的车出了毛病，这毛病又是一个难题的话，维修服务顾问必须要对客户说："请您放心，我们能够把它修好。"

策略五：提供额外的服务

在车修好以后，必须把车的转向盘擦干净，门把手擦干净，否则，当客户坐进车里后，会发现门把手上有油污，转向盘上也沾有油，这时他一定很不高兴。他会忘掉这车修得很好，却只记住了疏忽的这一点。

特别是在维修制动系统的时候，维修工往往会犯这种错误，在鞋子踩了制动油后，又去踩制动踏板，修完又不擦干净，这时候客户就会感到很不舒服。

策略六：接待前要预先准备

对于已预约的客户，维修服务顾问应该在客户来到服务中心之前，需要准备好客户的相关资料，如客户档案。待客户到达后，在接待时就不会出现手忙脚乱的情形，能够沉着地接待客户。

策略七：给客户一个意外惊喜

在服务客户的过程，可利用一些"意外惊喜"来提高企业在客户心中的形象。例如，某一客户开车到维修厂后，并没有要求给他代用车或帮他叫出租车，而是想自己回去。当他在路边等了很久，也没有出租车来时，如果维修服务中心派一辆自己的车把他送到他要去的地方的话，就会给他一个惊喜，因为他从来没提出过这种要求，但是现在你做到了。

策略八：集团队的知识和经验为客户服务

通常来讲，对一个比较大的故障或者一个难题，应该运用团队的知识和经验找出几个对客户有益的解决方案，告诉客户，让客户选择。

策略九：以客户为中心，以客户需求为导向

树立"以客户为中心，以客户需求为导向"的维修经营理念。汽车维修服务中心应把"客户是否满意"作为维修服务质量的衡量依据。在激烈的维修市场竞争条件下，汽车维修服务中心要在市场上立足、取胜和发展，就必须加强与客户的沟通与了解。认为"客户永远是对的"，想方设法满足客户的需求，与客户建立相互信任的关系，形成一大批忠诚的客户群，从而占领和扩大市场份额，提高影响力。

四、客户满意度的测定

测定客户满意度是为了从客户满意度的角度评估维修服务中心的服务和维修质量，这样每个弱点都能被发现并改进；印证以客户为本的观点，并巩固维修服务中心的形象；在客户投诉或另投别家之前，找出并解决其不满。

汽车维修企业的CSI也是一个国家、行业或地区客户满意度指数的基础。该指标一般通过问卷、征求意见等方式，调查客户在维修服务过程中所感受满意程度的量化值，并加以数字处理获得。具体地说就是要求被调查的客户以打分或其他方式，确定问答问卷中下列问题：

课题五 维修客户的行为分析

▶▶ **问题一**

维修设备、设施与环境的适宜性、完好性及舒适性。

▶▶ **问题二**

维修服务价值或价格的感受。

▶▶ **问题三**

维修服务质量和文明性、时间性、便利性及服务行为规范性方面的状况。

▶▶ **问题四**

总体感受。目前,汽车维修服务中心的维修服务有多种多样,汽车维修服务中心客户满意度指数计算公式为

$$CSI_{总} = 0.6CSI_{修理} + 0.2CSI_{配件} + 0.2CSI_{服务}$$

如果在客户满意指数计算周期内发生有客户投诉、新闻媒体表扬或批评报道等事件,则可根据其投诉时间数量和表扬或批评的程度,根据满意度指数计算公式对客户满意度指数进行减、加修正。必要时,可以委托第三方专业的调查机构,对客户满意度进行实时调查与测评。

案 例

某维修厂维修了一台金杯面包车的变速器,更换了二轴轴承,车辆出厂约两个月,接到车主救援电话,说变速器异响严重,已无法正常行驶。售后服务人员将车拖回服务中心,检查发现变速器只剩下一点齿轮油。将变速器解体,发现里面的轴承全都烧坏,还有两个变速齿轮和两个同步器也烧坏了,估计损失的配件价值约2 000元。维修服务中心分析是由于变速器后油封损坏,齿轮油几乎漏光,导致内部的部件烧坏。而车主说,车辆刚刚更换了二轴轴承,是因为二轴轴承质量不好,引起变速器高温,造成变速器损坏。双方各执一词,争执不下。车主是该服务中心的一个大客户,共有五辆车在该厂维修,他威胁以后再也不到该售后服务中心维修了,而且要找质量监督局和消费者协会对这件事进行鉴定。为防止事态扩大,服务中心经理亲自出面与车主协商,经理首先从技术角度分析了事故原因,然后说二轴轴承在这次事故中也损坏了,是否是二轴轴承质量不好,这是一个疑问,不过我们愿意为此次事故承担一定费用,我们负责变速器轴承的费用,因为这些部件缺油容易烧坏,而齿轮和同步器只在较长时间缺油的情况下才能造成损坏,司机在行驶过程中,应能听到因变速器缺油而产生的异响,但他没停车检查而使损失进一步扩大,这部分费用应由车主负担。车主对这种提议比较满意,他减少了自己的损失,对该企业来讲,也挽留了一个大客户。可以说,经过这件事,双方也达到了双赢的目的。

任务三　赢得客户信赖的对策

一、客户的心理

通常来说，客户到维修企业来，他们存在以下心理。

心理一：不高兴，因为客户的车不得不进维修企业修理

客户不高兴，是因为他们的车辆无法正常运转工作，而且可能是在上班或者旅游的途中出现了故障。如果这辆车又是刚从经销商那里买的，他们会更加恼火，这一点应该从客户的角度看问题，将心比心，给予理解。

心理二：无奈，本来这个时候客户应该到别的地方去而不是到维修企业

车辆发生意外故障完全是出乎客户的意料之外的，他们也许正准备到别的地方去，但现在却不得不到维修企业来。

心理三：烦躁，因为客户不知道故障的原因所在

现代化的汽车结构复杂，绝大多数车主不清楚问题的所在。这一点会使很多车主感到着急，特别是那些男性车主，他们自认为精通汽车，但是现在却找不到故障原因，因而会感到非常烦躁不安。

心理四：疑虑，因为客户以前从来没有到过维修企业

因为客户根本不了解维修企业和维修企业的员工，也不知道维修企业是不是诚实可靠的，会不会"宰客"；会不会把把他的车修坏，等等，这些都是客户感到疑虑的事情。

二、客户的忧虑

忧虑一：技术上的忧虑

确保车辆一次性修好是客户最基本的要求。为了确保维修质量，大多数客户会选择到特约维修站或4S连锁经营企业修车。这类企业的维修车种单一、专业化程度高且维修质量有保证。

然而对于大多数维修企业来说还达不到这种水平。特别是电子技术和各种新材料、新工艺在汽车上的广泛应用，对维修企业的维修质量带来了更大的挑战。因此，只有培养一支具有新技术、高素质的现代汽车维修骨干队伍，才能在激烈的市场竞争中取得先机。

忧虑二：价格上的忧虑

汽车维修服务收费是客户十分关注的问题之一，因为收费直接关系到客户的经济利益。维修企业收费要合理、透明，让客户放心。

维修服务收费估算水平反映了汽车维修企业经营管理的水平和服务顾问能力的高低。对于一般的维修作业项目，一个训练有素的接待员，做维修工时费用的估算不会有多大困难，但对配件更换做出预测并报出相应的价格，就要具备相当的业务水平了。

忧虑三：时间上的忧虑

汽车在现今社会已经成了人们的双腿，出门没车用，就像人没有双腿一样。不少客户在送修时要反复询问或叮嘱提车的时间。在修车合同上填写的交车时间一定是要有把握的。拖延交车时间给客户带来的麻烦，不是一句简单的"对不起"就能解决的。客户很可能就因为拖延的这几分钟失去了一笔生意，甚至影响了一件重大公务的完成。

忧虑四：服务上的忧虑

有一个轻松、舒适的接待环境，是赢得客户的第一步。宽敞明亮的大厅，有方便的休闲娱乐设施，如空调、电视、当月的报刊、饮料和鲜花等。有些维修服务企业考虑到客户的孩子而专设一间游戏室。除此之外，为了让客户满意，在车辆维修竣工交车结账前，维修服务顾问除了将修理换件情况和收费情况向客户做完整的说明外，还须注意以下问题：
- 未彻底修好的车绝不让车离厂。
- 在交车前一定要将汽车内外（包括地毯及坐垫等）清洁一遍。
- 维修过程中要严格控制试车里程，不要过量。在交车时应根据接车时的里程表记录将试车里程对客户有所交代。

三、赢得客户信赖的对策

想要赢得客户的信赖，需要从以下几点入手：

对策一：向客户说明维修部门的运作方式

说明一：说明营业时间。
什么时候开始营业，什么时候结束营业，每天的上下班时间等信息都要传递给客户。

说明二：说明可以为客户提供方便的服务。
譬如代用车辆等。

说明三：说明客户在紧急情况下可以拨打的电话号码。
如果车辆抛锚了，或者有其他需要帮助的时候，应该拨打哪个电话号码，这些都要告诉客户。

说明四：说明可以接受的付费方式。
要询问客户接不接受你的付款方式，比如，除了现金以外是否接受刷卡、微信支付、支付宝支付等，这些也要告诉客户。

对策二：向客户说明维修服务的流程

说明一：预约服务可以保证客户不需要等待。
要把这一点向客户说明，鼓励客户到维修企业来维修车辆或者保养车辆时，尽量提前预约。

说明二：对已经商定的维修，告诉客户可以确定的报价。
告知客户：不能随意增加费用，不会修完车以后又把费用提高，让客户放心。

说明三：告知客户会对其车进行一次免费预检。
告知客户：他的车进来维修以前，维修企业会对他的车进行一次全面而专业的免费预检，还会给他指出哪一些应该修，哪一些可以推后修，哪一些必须现在修。

说明四：向客户提供车辆保养及其他方面的建议。
维修企业提供针对车辆的保养以及其他方面的建议，这是在维修服务过程中必不可少的工作。

说明五：维修企业拟订进行的追加项目须事先征得客户的同意。
任何维修工作，在客户未同意以前，不要去做，只有在获得客户的同意与遵守授权之后，才能进行车辆的维修。

说明六：遵守双方商定的交车时间。
交车的时间不是维修企业单方面确定的，而是同客户商定一个适合的时间交车，这样客户也感觉受到了应有的尊重。

说明七：维修服务流程要有一个质量控制系统，确保能够出色地完成维修工作。
让客户了解维修服务的流程，就是为了要客户知道，他的车辆在这里维修，质量是有充分的制度管理保障的，消除客户心中的疑虑。

对策三：通过电话赢得客户信任

通过电话在跟客户通话的时候，要领会客户的需要，并赢得他的信任，这一点也是非常重要的。在可能的情况下，客户的电话应由维修接待员的助手或者信息员负责接听，以免繁忙的维修接待员在为客户服务的时候被打断。

其他赢得客户信赖的方法

方法一：对客户的需要表现出真诚的关注。

客户需要什么，要很积极真诚地去了解。

方法二：在全部交易过程中，让客户掌握主动。

对于一项维修，要为客户提供多种维修方法，让客户自己做出选择。例如，发动机的整个连杆都断了，把里面的缸体也损坏了，这时候需要更换里面的零件。你可以告诉客户，如果一一更换的话，需要多少钱。如果更换整个中缸总成的时候，又需要多少钱。然后告诉客户这两个方案的优缺点，让客户去选择，而不是强迫客户采用哪种方法来维修。

方法三：认真倾听客户的意见。

倾听客户意见时，不要心不在焉，让客户觉得在敷衍他。应关注客户，至少在倾听的时候，要拿一张纸、一支笔，记录客户说的话，这样就使客户觉得你是真正在和他沟通。

方法四：提供专业水准的维修服务。

为了得到客户信任，你所提供的服务必须是有专业水准的。不能在客户询问的时候一问三不知，如果你对产品一点也不了解，对维修一点也不了解，是不可能让客户满意的。

方法五：帮助客户设定现实的期望值。

比如，如果客户的车是经济型的小车，就要告诉他这种车的马力有多大，它的最高时速只能达到多少，不可能是他要求的 300km/h 时速等等，这些都要跟客户讲清楚。

方法六：提供对客户比较合适的建议。

可以告诉客户，他的车已经修了很多次，用了很久，已经走了几十万千米了，如果继续修的话，将会再花多少钱。如果把它卖掉再买新车，会有什么好处，这些都是一些合适的建议。还可以跟客户提出来，让客户到展销厅去看看。

方法七：最后，要尊重客户，礼貌地对待。

思考与练习

简答题

1. 客户期望有哪三种类型?

2. 客户满意度的定义是什么?

3. 客户对维修企业的忧虑有哪些?

课题六 维修服务顾问应掌握的汽车专业知识

学习任务

1. 了解汽车发动机、底盘、电气系统各部件的组成；
2. 掌握汽车维修、维护、美容的专业知识和汽车美容产品的销售话术。

任务一 汽车常见的维修、维护项目

一、发动机的组成与常见维修项目

1. 发动机的组成

发动机结构形式多种多样，其构造也千差万别，但由于基本原理相同，因此其基本结构也大体相同。就复式发动机而言，通常由两大机构、五大系统组成。两大机构是曲柄连杆机构和配气机构；五大系统是供给系统、润滑系统、冷却系统、点火系统和起动系统，如图6-1和图6-2所示。

名称	功用	主要部件
曲柄连杆机构	将燃料燃烧产生的热能，经机构由活塞的直线运动转变为曲轴旋转运动而对外输出动力。其中机体组还是发动机的骨架，它是其他各个机构、各个系统的安装基础	气缸体、气缸盖、气缸盖罩、气缸垫、活塞、连杆、曲轴、飞轮等
配气机构	按照发动机各缸工作顺序和工作循环的要求，定时地将各缸进排气门打开或关闭，以便发动机进行换气	进气门、排气门、凸轮轴、挺柱、推杆、摇臂机构等

图6-1 发动机的两大机构

任务一 汽车常见的维修、维护项目

名　称	功　用	主要部件
供给系统	汽油机供给系统的作用是向气缸提供一定浓度的适量混合气	电喷汽油机：汽油箱、电动汽油泵、滤清器、压力调节器、喷油器等。 化油器式汽油机：油箱、汽油泵、滤清器、化油器等
	柴油机供给系统的作用是向气缸内定时地喷射雾化良好的柴油	油箱、输油泵、喷油泵、调速器、滤清器、喷油器等
润滑系统	润滑摩擦件，减小摩擦力和机件的磨损，并冷却摩擦零件和清洗摩擦表面	机油泵、集滤器、限压阀、油道、机油粗滤器、机油散热器等
冷却系统	冷却受热件，保持发动机正常的工作温度	冷却水泵、风扇、节温器、散热器、冷却水道等
点火系统	按一定时刻向气缸内提供电火花以点燃缸内可燃混合气	蓄电池、点火开关、点火线圈、火花塞等
起动系统	使静止的发动机起动并转入自行运转状态。	蓄电池、起动机、起动继电器等

图 6-2 发动机的五大系统

2. 发动机常见维修项目

发动机是汽车的心脏，作为汽车的动力装置，它会随着汽车运行时间的增长而产生各种各样的故障，从而影响汽车的稳定和驾驶的安全。发动机各部件每产生一个故障就是一个维修项目，本节就发动机常见维修项目做简单的介绍。

常见维修项目一：发动机起动困难，起动时间越来越长

故障原因

发动机产生这种故障的首要原因大都是蓄电池性能不好。转动点火开关起动发动机时，发动机的转速瞬间较高，然后起动机就会显得动力不足，使发动机的转速降得很低，需要很长时间才能把发动机起动起来。另外的原因就是发动机的油管破裂、接头松动、衬垫不严等造成渗气和漏油，滤清器、管路堵塞或者是燃油中有水造成起动困难。

维修方法

尽快地拆下旧蓄电池，更换新蓄电池。若故障仍没有排除，则可以考虑更换发动机上的油管和衬垫，紧固接头；清洗、疏通滤清器和管路，并将滤清器底部排渣孔螺栓拧开，排出污水。

常见维修项目二：喷油过早或过迟

故障症状

喷油过早表现为气缸发出有节奏的"当当"声，喷油过迟表现为气缸发出一种低沉而不清晰的响声。机身温度升高，消声器以及排气管烧红，冷却水温度高。

维修方法

旋松喷油泵万向节上的两个螺钉，使飞轮反转到与喷油泵传动接盘上的"定时刻度"对正，然后使飞轮正转到喷油泵万向节前节上的刻度线，并与后节上喷油正时调整刻度线正中长刻线对准。

 常见维修项目三：供油不足，发动机的转速不能提高

故障原因

产生这种故障的原因一般是起动加浓装置不起作用，导致汽车在点火起动时发动机转速上不去。

维修方法

将汽车加速踏板踏到底再放开，如此反复多次。柴油发动机起动时更需较浓的混合气，多踏几次节气门，使起动时增加喷油量。

 常见维修项目四：拉缸

故障原因

拉缸的原因是活塞与气缸配合间隙过小，积炭过多，燃烧后使活塞受热膨胀，拉伤气缸。另外，发动机过热，机油不足，装配过程中部件清洗不干净，也可能造成拉缸。

维修方法

拉缸一般采用镗磨气缸的方法处理或者更换活塞。在加工装配过程中，一定要根据不同的车型、不同型号发动机的要求进行操作。

维修项目五：发动机无力，加油加不起劲

故障症状

发动机虽能顺利起动，但达不到额定功率和转矩。

维修方法

检查发动机中低压油路是否顺畅，如果油路没发现问题，就需要清除空气滤清器污物，检查排气制动阀。

常见维修项目六：烧瓦

故障症状

发动机运转困难，冒黑烟甚至熄火，轴承有敲击声。产生的主要原因是润滑系统出现故障，如油滤器油道堵塞、油泵失效。或者是轴瓦装配间隙不当：间隙过小，不能形成润滑膜；间隙过大，润滑油流失，都容易导致烧瓦。

维修方法

采用刮削法修整轴承，当轴瓦与轴的结合部分在85%以上时，可以根据扭力要求紧固轴承。

常见维修项目七：发动机活塞环损坏

故障症状

由于活塞环损坏使其外部几何尺寸以及力学性能发生变化，造成密封不良、气缸内气压降低和发动机功率下降，严重时会使活塞环结胶、卡死或折断，导致发动机不能工作。

维修方法

选择耐磨性能好的活塞环，特别是减磨措施做得比较好的。例如，在材料上，选择在耐磨性和储油性方面都表现出明显优点的铬钼合金铸铁环，外形上选择挠性很好的内撑螺旋弹簧状活塞环，同时使用品质合格的润滑油。

常见维修项目八：正时链条响

故障症状

正时链条响声连续而均匀，发出轻微的"嘎啦、嘎啦"的响声，中速时更为明显，高速时

响声杂乱（此响声不受温度和"断火"的影响）。

 维修方法

用金属棒抵触在正时链轮盖上试听，如响声反应较强，则可判断是正时链条响，应调整紧链器或更换链条。

常见维修项目九：发动机在运转过程中发出难闻的味道

 故障原因

车辆使用一段时间后，一些橡胶密封件老化，机油就会从密封件中泄漏，滴在排气歧管上，随着排气歧管温度升高，机油在短时间蒸发，就会发出油烧焦的气味。

 维修方法

只要更换密封件即可。

常见维修项目十：发动机动力性能下降，油耗增加，喷油堵塞

 故障原因

由于车辆长时间未更换机油、机油滤清器、空气滤清器，造成油料燃烧不充分，发动机积炭增多等问题引起的。

 维修方法

建议机油、机油滤清器，每行驶 5 000km 就更换一次，空气滤清器和燃油滤清器每行驶 1 万 km 更换一次。否则空气、燃油和机油中的杂质会造成零件磨损和堵塞油路，从而影响发动机正常运转。

二、底盘的组成与常见维修项目

 1. 底盘的组成

底盘的作用是支承、安装汽车发动机及其各部件、总成，形成汽车的整体造型，并接受发动机的动力，使汽车产生运动，保证正常行驶。底盘由传动系、转向系、行驶系和制动系四部分组成。

（1）传动系

传动系一般由离合器、变速器、万向传动装置、主减速器、差速器和半轴等组成。它的作用是将发动机发出的动力传给汽车的驱动车轮，产生驱动力，使汽车能以一定速度行驶。

（2）转向系

转向系由转向器和转向传动装置等组成，它的作用是改变汽车行驶的方向和保持汽车稳定的直线行驶。

（3）行驶系

行驶系由汽车的车架、车桥、车轮和悬架等组成。它的作用是接受传动系的动力，通过驱动轮与路面的作用产生牵引力，使汽车正常行驶；承受汽车的总重量和地面的反力；缓和不平路面对车身造成的冲击，衰减汽车行驶中的振动，保持行驶的平顺性；与转向系配合，保证汽车操纵稳定性。

（4）制动系

制动系主要由供能装置、控制装置、传动装置和制动器四部分组成。它的主要作用是使行驶中的汽车减速甚至停车，使下坡行驶的汽车保持速度稳定，使已停驶的汽车保持不动。

2. 底盘常见维修项目

维修项目一：汽车油耗不断增加

故障原因

油耗增加的原因很多，但常见又容易被忽略的是对轮胎气压的检查。轮胎气压不足不仅会导致行驶阻力增加，造成油耗上升，还会影响轮胎的使用寿命。

维修方法

自备胎压测量器，经常检查轮胎气压。不要忘记备胎的检查，以免急需更换轮胎时，才发现备胎已经没气了。温度高时胎压会比平时高一些，因此在冷天或阴凉处测量胎压比较准确。一般轮胎每行驶1万km应互换位置，避免前后磨损程度相差太大。如果需要更换磨损严重的轮胎，则最好两个或者是四个一起换，纹路相同的轮胎可以前后交叉更换。另外，折线花纹的轮胎有助于节省燃油。

维修项目二：高速行驶时转向盘振颤

故障原因

汽车在高速行驶时出现行驶不稳、摆头，甚至转向盘抖动，产生的原因可能是前轮定位角失准，前束过大；前轮胎气压过低或者是由于轮胎修补、异常磨损等原因引起起动不平衡；钢质轮毂变形、制动鼓平衡性差；传动系统零部件安装松动；传动轴弯曲，动平衡差，车桥变形；减振器故障；主减速器异常磨损或者是间隙过大等。

维修方法

可先架起驱动桥，前轮加塞安全三角木，起动发动机并逐步换入高速挡，使驱动轮达到原来出现摆振的速度。由于此时前桥处于静止状态，若车身或者转向盘仍然出现抖动，则为传动系引起的振摆，可从转运轴、主减速器及后桥的其他零部件上查找原因；若达到原先摆振的速度，汽车不出现抖动，则基本可确定是前桥部分存在故障，可用车轮定位仪检查车轮定位和前束是否符合要求，检查轮胎是否变形过大和用轮胎平衡机检查车轮动平衡情况。

维修项目三：转向沉重

故障原因

汽车转向沉重的原因有可能是轮胎气压不足，尤其是前轮气压不足，转向会比较吃力；助力液压油不足，助力泵到方向机的油路有皱褶，导致方向机供油不足；转向助力泵损坏或是型号不对，导致供油不足；方向机内部发卡；前轮定位不准，如主销后倾角过大。

维修方法

按照先易后难的原则先检查轮胎气压、助力油壶的油量是否符合要求，再检查油路是否有皱褶，一般来说，如果出现助力液压油不足、助力泵至方向机的油路有皱褶、方向机发卡这三种原因引起的故障，转向时都会有异响。

维修项目四：行驶时跑偏

故障原因

在汽车行驶的过程中，转向盘摆正，沿直线行驶，但是汽车却不走直线。行驶时跑偏的原因有可能是左右轮胎气压不一致，导致左右轮胎的行驶阻力不等；车桥移位，导致车辆左右两边的轴距不等；前轮定位不准，左右前轮外倾角、主销后倾角、主销内倾角、前束等距不合要求等。

维修方法

检查左右两边车胎气压是否一致,用四轮定位仪检查车轮定位(包括车桥定位和前后轮定位)是否符合要求,并进行适当调整。

维修项目五:高速抖动与跳动

故障原因

高速行驶到某一时速时,能感到转向盘明显的抖动或跳动,但低速时不明显。

维修方法

如果只是高速抖动明显的话,可以先目视轮辋上的平衡铅块是否有丢失或者是轮毂有无明显变形。如果上述地方都没有问题,就要求助于专业的检测设备,因为转向拉杆、悬挂以及轮毂的细微变形是用眼睛难以辨别的,但基本上可以通过调整底盘的悬挂位置、前束角度或更换轮胎来解决。

维修项目六:底盘异响

故障原因

过坑或过坎时底盘后部发出"咻溜"的摩擦声。这是由于车的后部安装有一个平衡拉杆,拉杆上有一个橡胶套,这个橡胶套久经风雨后会老化、干裂,从而发出"咻溜"的摩擦声。

维修方法

可先检查老化情况,如果只是干裂,则使用非矿物的黄油润滑即可,但如果老化情况严重,则需要更换橡胶套。

维修项目七:手制动阀漏气

故障原因

当手制动阀置于"停车制动"位置时,手制动阀从排气口持续漏气,一般来讲是阀的进气阀与阀座封闭不严,或是阀与阀座之间存有异物,或是进气阀密封件损坏所致。

维修方法

用修理包更换进气阀密封件即可解决。

维修项目八：离合器打滑

故障原因

用低速挡起步时，放松离合器踏板后，汽车不能顺利起步，或是汽车在加速行驶时，车速不能随发动机转速的提高而提高，感到行驶无力，严重时产生焦臭味与冒烟等现象。

维修方法

检查离合器踏板自由行程是否合适，不合适应进行调整；检查从动盘摩擦片、压盘或飞轮工作面磨损情况，若磨损严重，则应及时更换；检查压力弹簧、膜片弹簧是否疲软、折断或弹性不足，若弹性不足或破坏，则应及时更换；检查从动盘、分离轴承筒与导管，若有油污，则应及时清理。

维修项目九：制动拖滞

故障原因

抬起制动踏板后，制动阀排气缓慢或不排气，不能立即解除制动，或排气虽快，但仍感觉有制动作用。这有可能是由于制动踏板自由行程过小，或是制动鼓与摩擦片的间隙过小；制动器回位弹簧过软或折断；制动踏板到制动阀臂之间的传动系零件卡滞，或制动器凸轮轴、制动蹄支销锈滞；制动阀排气阀调整垫片过薄，或回位弹簧过软、折断和橡胶阀座老化发胀；制动蹄摩擦片损坏等原因造成的。

维修方法

首先确定是全部车轮制动拖滞还是个别车轮制动拖滞。若是全部车轮制动拖滞，则多是制动踏板自由行程不足或制动阀的故障，制动阀的故障一般是阀门黏住、弹簧折断等。若是某一个车轮拖滞，则故障多在车轮制动器，应由易到难逐一检查排除。

维修项目十：驻车制动不良

故障原因

拉紧驻车制动手柄后，车辆仍能以低速挡起步。这有可能是由于驻车制动装置调整不当、拉锁卡滞、后轮制动器工作不良等原因造成的。

维修方法

拉动驻车制动手柄，检查其自由行程以及拉索是否存在运动卡滞现象，并进行必要的调整和润滑，或更换拉索；驻车制动器操纵机构工作正常时，应对后轮制动进行检修。

三、电气系统的组成与常见维修项目

1. 电气系统的组成

汽车电气系统是汽车的重要组成部分，通常包括电源、点火、起动、信号照明、仪表和辅助电气装置等。

（1）电源系统（充电系统）

汽车上用电所需的电能，由发电机和蓄电池两个电源供应。发电机是由汽车发动机带动发电的，附有电压等调节装置，以保证电压等参数的稳定。

（2）点火系统

点火系统由分电器、点火线圈、火花塞等组成。其作用是产生电火花，点燃气缸内的可燃混合气。

（3）起动系统

起动系统由直流电动机、传动装置和控制机构三部分组成，能使发动机在各种环境下可靠地用起动机起动。

（4）信号与照明系统

为了保证汽车日夜行驶安全，汽车上装有各种信号和照明设备，用来照明道路、驾驶室和车厢内部以及仪表等。信号装置能发出标示车辆宽度、转向、停车制动或倒车等的信号灯光或用音响信号警告行人和其他车辆。

（5）仪表

仪表用来显示汽车各部分的工作情况。汽车仪表包括指示蓄电池充放电的电流表，指示燃油箱中储存油量的油量表，指示发动机转速和工作时间的发动机转速和小时表，指示发动机工作时润滑系统工作状况的油压表，指示发动机冷却液工作温度的温度表，指示制动系统气压的气压表、指示行驶速度和里程的车速里程表等。

2. 电气系统的常见维修项目

维修项目一：发动机点火不着

故障原因

发动机的起动是靠蓄电池的电流推动火花塞点火完成的，因而起动系统出现故障，很可能是由于蓄电池生锈或滴漏造成的。

维修方法

查看蓄电池内的电解液是否充足，如不足可添加蒸馏水到适当的高度（目前，轿车大都采用免维护蓄电池，这种蓄电池不可擅自加水）。检查蓄电池的正负端接点有无生锈或污浊的现象。如果有就要及时清除干净，以保持电路的畅通。

维修项目二：蓄电池自放电速度快

故障原因

蓄电池在不工作的情况下，电量逐渐消耗的现象称为自行放电。自行放电不能完全避免，一般每天消耗本身容量的 1%~2% 是正常的，如超过此数值，则为不正常自行放电。自行放电可能是由于极板材料或电解液中有杂质，杂质与极板或不同杂质间就会产生电位差，形成闭合的"局部电池"而产生电流，使蓄电池放电；隔板破裂，造成局部短路；蓄电池盖上有电解液或水，使正、负极间形成通路而放电；活性物质脱落，使极板短路造成放电；蓄电池长期存放，电解液中硫酸下沉，使上部密度小，下部密度大，引起自行放电等原因造成的。

维修方法

要减少自行放电，电解液必须力求纯净，使用中应保持蓄电池盖的清洁，以免短路。如电解液不纯，则需将蓄电池用标准容量的 1/10 的电流放电至单格电压 1.7V 为止，然后将电解液倒出，并用蒸馏水清洗干净，再换用纯净电解液进行充电。

维修项目三：空调系统出现"冰塞"现象

故障症状

汽车空调系统在空调开关刚刚接通时，制冷系统工作基本正常。但工作不到 1min 压缩机就自动停转。经过 3~5min 之后，压缩机又自动运转。如此往复，车厢内温度不能降低，这有可能就是"冰塞"现象。

> **维修方法**

为了尽快确认膨胀阀处是否发生"冰塞",可将汽车空调歧管压力表的高、低压软管分别与制冷系统的高、低压维修接口连接,并用热毛巾或热布包住膨胀阀,如果低压侧压力在几分钟后回升,压缩机立即工作,则说明膨胀处有"冰塞"。将制冷系统全部分解,对各部件分别进行清洗,然后吹干或烘干,并更换储液干燥器就可以了。

> **维修项目四:起动机不转动**

> **故障原因**

接通起动电路后,起动机啮合齿轮与飞轮齿圈有撞击声,起动机不转动。出现该故障的原因多为发动机搭铁不良、蓄电池充电不足、起动机电磁开关线圈断路。

> **维修方法**

检查蓄电池电能是否充足,观察电压表指针指示状况,如果电喇叭音量变小和前照灯灯光较暗,则说明蓄电池亏电。检查变速器上盖与车架之间的搭铁线是否松动。如果蓄电池电量充足,搭铁线完好,则该故障可能是电磁开关线圈断路或者是起动机传动部分故障造成的。其解决方法是解体检查,检查时应先检查起动机小齿轮啮合是否到位,然后检查起动机电磁开关是否断路。

四、钣金喷漆的流程与常见维修项目

钣金喷漆是一种汽车修复技术,就是将汽车金属外壳变形部分进行修复。例如,车体外壳被撞了个坑,就可以通过钣金使之恢复原样,然后通过喷漆,使变形的汽车金属表面恢复到与其他完好的地方一样,光亮如初。

1. 钣金喷漆的流程

> **(1)钣金操作流程(局部凹陷)**

● 钣金件拆卸。将碰撞车辆受损部位的钣金件通过切割等方式拆离原车身。
● 损伤确认。将受损部位清洁后,确认受损程度,从而确立修复方法。
● 去除旧漆膜。将受损部位的原车漆打磨至露出铁板层。
● 钣金件拉平。根据钣金件损伤程度,采用相应的钣金工具将凹陷部位拉平。拉平作业后,钣金件表面要经过平整度精调。
● 收火处理。通过收火处理,将金属在恢复原来的形状和厚度过程中产生的拉伸和挤压应力消除,保持钣金件的刚度和强度。

- 打磨羽状边。在受损部位与周边漆膜连接部位打磨出一个缓冲的坡面，便于其后新喷的漆面与原车漆面更好地连接在一起。
- 涂抹环氧底漆。将打磨完的受损面再次清洁除油，涂抹环氧底漆并烘干，进行防锈处理。

以上钣金操作流程适用于受损程度不大的钣金件。如果车体碰撞严重，伤及车架，则需要在车架矫正机上进行整车构架的矫正，操作难度将会更大。

（2）喷漆操作流程（延续以上钣金流程）

- 刮涂原子灰。将涂抹了环氧底漆的钣金受损件清洁除油后，刮涂原子灰，也就是我们常说的腻子。原子灰晾干后进行打磨，并确认冲压线。
- 喷涂中涂底漆。原子灰打磨后进行清洁除油，开始喷涂中涂底漆，并烤干。喷涂中涂底漆时注意，要把不需喷涂的部位进行必要的遮挡。
- 打磨中涂底漆。对中涂底漆打磨至与原漆面相同的高度，确认平整度。
- 调漆。虽然目前特约服务店一般都备有原厂漆，但由于车辆长时间使用后，面漆颜色与原厂漆有所差别，这时就需要喷漆人员进行手工调漆。
- 喷涂面漆。将调好的面漆加入喷枪罐中，调整喷枪的气压、出漆量以及喷幅后，开始均匀地喷涂在钣金件上。不同的面漆在喷涂时的工序也有所不同。

2. 常见维修项目

（1）汽车常见部位刮擦维修方法

①微小的细痕

对于一些细小的划痕，细蜡加粗蜡就可以修复。首先将车洗净擦干，海绵粘上粗蜡，以画圆的方式上蜡。粗蜡打完后，再上细蜡，由内往外同样的方向，即直向或横向画圆上蜡。粗蜡、细蜡上完之后，之前凌乱的细微刮痕几乎都能去掉。

②未掉底漆的刮伤

面积稍大的刮伤或脱漆，用打蜡是没法处理的，可以用补漆笔救急。补漆笔在使用前要摇一摇，让里面的漆调和均匀。做法也很简单，把车子洗净擦干，不要上任何蜡，选用适合车子颜色的补漆笔，直接涂在伤处。等补漆笔涂抹处干了之后，再将细蜡打上即可。

③已见底漆的刮痕

较深且明显的底漆刮痕易让钣金生锈，所以除锈防锈很重要。将车洗净擦干后不要上任何蜡，在刮痕处涂上除锈剂，等 10~15min 后用面纸擦去除锈剂，然后涂上防锈剂，避免刮伤处再继续生锈。

（2）汽车凹陷修复操作规范

单层部位的修复，只需一个挂链配合大工具就可完成；双层部位的修复，可通过原始孔、刮去粘连胶或打孔进行修复。其基本过程为：确认凹陷位置→确定修复灯摆放的位置及角度→根据凹陷情况选择适合的工具→确定修复时的支点→大体修复→漆面处理→精确填补→漆面处理→变换角度检验修复直至满意为止。

① 前机盖的修复

前机盖修复比较简单，可根据情况拆掉隔热层或刮去粘连胶或打孔即可修复，需注意的是打孔的位置要选择在隐蔽部位。

② 前叶子板的修复

前叶子板一般是通过卸下前大灯、轮胎上面的挡泥板、小侧灯就可修复。也可在前叶子板后端的孔隙进行修复，个别情况需将前叶子板上部的固定螺钉卸下，再用三角木支撑出空隙进行修复。

③ 车顶的修复

车顶修复时要根据凹陷情况，可全部卸下车顶内饰，也可只卸下局部的内饰扣，原则是在工具可到达并无障碍的情况下就可，尽量减少拆卸。

④ 前车门的修复

一般情况下只需将车玻璃降下就可完成前车门的修复。如果凹陷在加强筋里或在车门下部边缘，可能要拆卸车门内饰进行修复，也可通过车门下部的排水孔进行修复。如果在上部的加强筋里，可将玻璃外部的防尘条卸下，通过加强筋上的自然孔进行修复。如果没有自然孔，需将车门内饰卸下从加强筋下部边缘进行修复。个别车型也需要将车门上部的双层分开进行修复。如果凹陷在车门的前部，需将车门拆下在修复架上修复，也可通过穿线孔修复。

⑤ 后车门的修复

后车门修复比较方便，除了通过修复前门时的途径之外，还可通过后门前端的穿线孔进行修复。一般情况不必将车门整个卸下。

⑥ 后叶子板的修复

后叶子板修复时，一般情况只需将后尾灯卸下即可完成。如果凹陷在轮眉边缘时需要将轮胎卸下，在轮胎上面的护板里面开孔进行修复，开孔时一定要把握好开孔器的力度，因为轮眉边缘部位外部钢板与内部钢板距离比较近，不可将外部钢板也打穿。如果凹陷在后叶子板的上部后风窗玻璃两端时，可将后风窗玻璃两边的内饰板卸下，通过内饰扣孔进行修复。

⑦ 行李舱的修复

行李舱的修复和前机盖的修复基本相同，只是其部位的边角和筋骨比较多，修复时要注意选择工具，力度要适当，必要时要用上修复球。

⑧ 保险杠的修复

保险杠只有个别车型能修复，其修复方法是：先用烤灯加热，再用修复工具修复，然后用凉水冷却即可。需要注意的是，加热程度不要伤害车漆，但塑料部分具有可塑性即可。其过程需要反复操作直至满意为止。

五、汽车维护的认识

1. 汽车维护的目的

汽车维护是指为维持汽车完好技术状况或工作能力而进行的作业，应贯彻"预防为主、强制维护"的原则。

汽车维护的目的在于保持车容整洁，及时发现和消除故障隐患，防止车辆早期损坏，从而达到下列要求：
- 车辆经常处于良好的技术状况，随时可以出车。
- 在合理使用的条件下，不会因中途损坏而停车，以及因机件事故而影响行车安全。
- 在运行过程中，降低燃料、润滑油以及配件和轮胎的消耗。
- 各部总成的技术状况尽量保持均衡，以利于延长汽车大修间隔里程。
- 减少车辆噪声和排放污染物对环境的污染。

2. 汽车维护的内容

（1）汽车维护分类

① 日常维护

以清洁、补给和安全检视为作业中心内容，由驾驶员负责执行的车辆维护作业。

②一级维护

除日常维护作业外,以清洁、润滑、紧固为作业中心内容,并检查有关制动、操纵等安全部件,由维修企业负责执行的车辆维护作业。

汽车一、二级维护行驶里程依据车辆使用说明书的有关规定(一般为 2 000~3 000km),同时依据汽车使用条件的不同,由省级交通行政主管部门规定。

③二级维护

除一级维护作业外,以检查、调整万向节、转向摇臂、制动蹄片、悬架等经过一定时间的使用容易磨损或变形的安全部件为主,并拆检轮胎,进行轮胎换位,检查调整发动机工作状况和排气污染控制装置等,由维修企业负责执行的车辆维护作业。

一、二级维护时间间隔,对于不使用行驶里程统计、考核的汽车,可用行驶时间间隔确定一、二级维护周期。其时间(天)间隔可依据汽车使用强度和条件的不同,参照汽车一、二级维护里程周期确定。一般二级维护行驶里程为 10 000~18 000km。

(2)汽车维护作业范围

①日常维护

对汽车外观、发动机外表进行清洁,保持车容整洁。对汽车各部润滑油(脂)、燃油、冷却液、制动液、各种工作介质、轮胎气压进行检视补给。对汽车制动、转向、传动、悬挂、灯光、信号等安全部位和位置以及发动机运转状态进行检视、校紧,确保行车安全。

②一级维护

一级维护作业内容如表 6-1 所示。

表 6-1 一级维护作业内容

序号	项目	作业内容	技术要求
1	点火系	检查、调整	工作正常
2	发动机空气滤清器、空气压缩机空气滤清器、曲轴箱通风系空气滤清器、机油滤清器和燃油滤清器	清洁或更换	各滤芯应清洁无破损,上下衬垫无残缺,密封良好,滤清器应清洁,安装牢固
3	曲轴箱油面、化油器油面、冷却液液面、制动液液面高度	检查	符合规定
4	曲轴箱通风装置、三效催化转化装置	外观检查	齐全、无损坏

续 表

序号	项目	作业内容	技术要求
5	散热器、油底壳、发动机前后支垫、水泵、空气压缩机、进排气歧管、化油器、输油泵、喷油泵连接螺栓	检查校紧	各连接部位螺栓、螺母应紧固,锁销、垫圈及胶垫应完好有效
6	空气压缩机、发电机、空调机皮带	检查皮带磨损、老化程度,调整皮带松紧度	符合规定
7	转向器	检查转向器液面及密封状况,润滑万向节十字轴、横直拉杆、球头销、万向节等部位	符合规定
8	离合器	检查调整离合器	操纵机构应灵敏可靠;踏板自由行程应符合规定
9	变速器、差速器	检查变速器、差速器液面及密封状况,润滑传动轴万向节十字轴、中间轴承,校紧各部连接螺栓,清洁各通气塞	符合规定
10	制动系	检查紧固各制动管路,检查调整制动踏板自由行程	制动管路接头应不漏气,支架螺栓紧固可靠,制动联动机构应灵敏可靠,储气筒无积水,制动踏板自由行程符合规定
11	车架、车身及各附件	检查、紧固	各部螺栓及拖钩、挂钩应紧固可靠,无裂损,无窜动,齐全有效
12	轮胎	检查轮辋及压条挡圈;检查轮胎气压(包括备胎),并视情况补气;检查轮毂轴承间隙	轮辋及压条挡圈应无裂损、变形;轮胎气压应符合规定,气门嘴帽齐全;轮毂轴承间隙无明显松旷
13	悬架机构	检查	无损坏,连接可靠
14	蓄电池	检查	电解液液面高度应符合规定,通气孔畅通,电桩夹头清洁、牢固
15	灯光、仪表、信号装置	检查	齐全有效,安装牢固
16	全车润滑点	润滑	各润滑嘴安装正确,齐全有效
17	全车	检查	全车不漏油、不漏水、不漏气、不漏电、不漏尘,各种防尘罩齐全有效

注:技术要求栏中的"符合规定"指符合实际使用中的有关规定。

③二级维护

● 二级维护作业过程。汽车二级维护时首先要进行检测,汽车进厂后,根据汽车技术档案的记录资料(包括车辆运行记录、维修记录、检测记录、总成修理记录等)和驾驶员反映的车辆使用技术状况(包括汽车动力性、异响、转向、制动及燃、润料消耗等)确定所需检测项目,依据检测结果及车辆实际技术状况进行故障诊断,从而确定附加作业项目,附加作业项目确定后与基本作业项目一并进行二级维护作业,二级维护过程中要进行过程检验,过程检验项目的技术要求应满足有关的技术标准或规范,二级维护作业完成后,应经维修企业进行竣工检验,竣工检验合格的车辆,由维修企业填写《汽车维护竣工出厂合格证》后方可出厂。

●二级维护工艺过程。二级维护工艺过程图如图6-3所示。

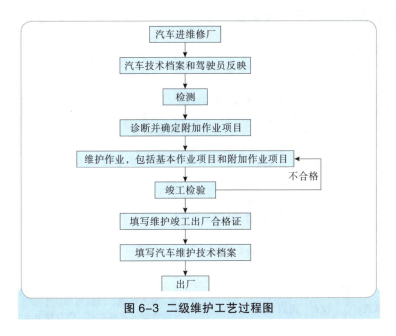

图6-3 二级维护工艺过程图

●二级维护检测项目。二级维护检测项目如表6-2所示。

表6-2 汽车二级维护检测项目

序号	检测项目
1	发动机功率,气缸压力
2	汽车排气污染物,三效催化转化装置的作用
3	电控燃油喷射系统
4	柴油车检查供油提前角、供油间隔角和喷油泵供油压力
5	制动性能,检查制动力
6	转向轮定位,主要检查前轮定位角和转向盘自由转动量
7	车轮动平衡
8	前照灯
9	操纵稳定性,有无跑偏、发抖、摆头
10	变速器,有无泄漏、异响、松脱、裂纹等现象,换挡是否轻便灵活
11	离合器,有无打滑、发抖现象,分离是否彻底,接合是否平稳
12	传动轴,有无泄漏、异响、松脱、裂纹等现象
13	后桥,主减速器有无泄漏、异响、松动、过热等现象

● 二级维护基本作业项目。二级维护作业内容包含一级维护作业内容，二级维护基本作业项目如表6-3所示。

表6-3 二级维护基本作业项目

序号	维护项目	作业内容	技术要求
1	发动机润滑油、机油滤清器	①更换润滑油；②视情更换机油滤清器	①润滑油规格性能指标符合规定；②液面高度符合规定；③机油滤清器密封良好，无堵塞，完好有效
2	检查润滑油油面高度	检查转向器、变速器、主减速器等润滑油规格和液面高度，不足时按要求补给	符合出厂规定
3	空气滤清器	清洁空气滤清器	空气滤清器清洁有效、安装可靠，恒温进气装置真空软管安装可靠，进气转换阀工作灵敏、准确
4	①燃油箱及油管；②燃油滤清器；③燃油泵	①检查接头及密封情况；②清洁燃油滤清器，并视情况更换；③检查燃油泵，必要时更换	①接头无破损、渗漏，紧固可靠；②燃油滤清器工作正常；③燃油泵工作正常，油压符合规定
5	燃油蒸发控制装置	检查清洁，必要时更换	工作正常
6	曲轴箱通风装置	检查、清洁	清洁畅通，连接可靠，不漏气，各阀门无堵塞、卡滞现象，灵敏有效，符合规定
7	散热器、膨胀箱、百叶窗、水泵、节温器、传动皮带	①检查密封情况、箱盖压力阀、液面高度、水泵；②检视皮带外观，调整皮带松紧度	①散热器及软管无变形、破损及渗漏；箱盖接合表面良好，胶垫不老化、箱盖压力阀开启压力符合要求；水泵不漏水，无异响；节温器工作性能符合规定；②皮带应无裂痕和过量磨损，表面无油污，皮带松紧度符合规定
8	①进、排气歧管、消声器、排气管；②气缸盖	①检查、紧固，视情况补焊或更换；②按规定次序和扭力矩校紧气缸盖	①无裂纹、漏气，消声器性能良好；②扭紧力矩符合规定
9	增压器、中冷器	检查、清洁	符合规定
10	发动机支架	检查、紧固	连接牢固，无变形和裂纹
11	化油器及联动机构	清洁、检查、紧固	清洁，联动机构运动灵活，连接牢固，无漏油、气现象，工作系统和附加装置工作正常
12	喷油器、喷油泵	检查喷油器和喷油泵的作用，必要时检测喷油压力和喷油状况，视情况调整供油提前角	①喷油器雾化良好，无滴油、漏油现象，喷油压力符合规定；②供油提前角符合规定
13	分电器、高压线	清洁、检查	分电器无油污，调整触点间隙在规定范围内，无松旷、漏电现象，高压线性能符合规定
14	火花塞	清洁、检查或更换火花塞，调整电极间隙	电极表面清洁，间隙符合规定
15	气门间隙	检查调整	符合规定

续表

序号	维护项目	作业内容	技术要求
16	电控燃油喷射系统供油管路	检查密封状况	密封良好,作用正常
17	三效催化装置	检查三效催化装置的作用,必要时更换	作用正常
18	离合器	检查调整离合器踏板自由行程	离合器踏板自由行程符合规定
19	前轮制动	检查前轮制动器调整臂的作用	作用正常
		拆卸前轮毂总成、制动蹄、支承销;清洗万向节、轴承、支承销,清洁制动底板等零件	清洁,无油污
		检查制动盘、制动凸轮轴,校紧装置螺栓	①制动底板不变形,按规定力矩扭紧装置螺栓;②凸轮轴转动灵活,无卡滞,转向间隙符合规定
		检查万向节及螺母、保险片及油封、转向节臂,校紧装置螺栓	①万向节无裂纹,螺纹完好,与螺母配合应无径向松旷,保险片作用良好,油封完好不漏油;②万向节轴径与轴承的配合间隙符合要求,万向节臂装置螺栓扭力矩符合规定
		检查内外轴承	滚柱保持架无断裂,滚柱不脱落,无裂损和烧蚀,轴承内圈无裂损和烧蚀
		检查制动蹄及支承销	①制动蹄无裂纹及明显变形,摩擦片不破裂,铆接可靠,摩擦片厚度符合规定;②支承销无过量磨损,支承销与制动蹄承孔衬套配合间隙符合规定
		检查制动蹄复位弹簧	复位弹簧应无明显变形,自由长度、拉力符合规定
		检查前轮毂、制动鼓及轴承外座圈,校紧轮胎螺栓内螺母	①轮胎无裂损;②轴承外座圈无裂纹,无麻点,无烧蚀;③制动鼓无裂纹,外边缘不得高出工作表面,检视孔完整,内径尺寸、圆度误差、左右内径差符合规定;④轮胎螺栓齐全完好,规格一致,按规定力矩扭紧
		装复前轮毂、调整前轮轴承松紧度及制动间隙	①装复支承销,制动蹄支承销孔均应涂润滑脂,开口销或卡簧齐全有效;②润滑轴承;③制动鼓、制动片表面清洁,无油污;④制动片与制动鼓的间隙应符合规定,转动无碰擦现象或声响,检视孔挡板齐全;⑤轮毂转动灵活,用拉力计测量时可转动,且无轴向间隙;⑥锁紧螺母按规定力矩扭紧;⑦保险可靠,防尘罩、衬垫完好,螺栓垫圈齐全紧固(螺栓规格一致)

续 表

序号	维护项目	作业内容	技术要求
20	后轮制动	拆卸半轴、轮毂总成、制动体、支承销，清洗各零件及制动底板、半轴套管	①轮毂通气孔畅通； ②各零件及制动盘、后桥套管清洁无油污
		检查制动底板、制动凸轮轴，校紧连接螺栓	①制动底板不变形，连接螺栓按规定力矩紧固； ②凸轮轴转动灵活，无卡滞，轴向间隙和径向间隙符合规定
		检查后桥半轴套管、螺母及油封	①套管无裂纹及明显松动，与螺母配合无径向松旷； ②油封完好，无损坏，无漏油； ③套管颈与轴承配合间隙符合规定
		检查内外轴承	①轴承保持架无断裂，滚柱不脱落，无裂纹和烧蚀； ②轴承内座圈无裂纹、烧蚀
		检查制动蹄及支承销	①制动蹄无裂纹及变形，摩擦片不破裂，铆接可靠，摩擦片厚度符合规定； ②支承销与制动蹄承孔衬套配合间隙符合规定； ③支承销无过量磨损
		检查制动蹄复位弹簧	复位弹簧无变形，自由长度符合规定，拉力良好
		检查后轮毂、制动鼓及轴承外座圈，检查扭紧半轴螺栓，检查轮胎螺栓，校紧内螺母	①轮毂无裂损； ②轴承外座圈不松动，无损坏； ③制动鼓无裂纹，内径、圆度误差、左右内径差符合规定，外边缘不得高出工作表面,制动鼓检视孔完整； ④半轴螺栓齐全有效
		检查半轴	半轴无明显弯曲，不磨套管，无裂纹，花键无过量磨损或扭曲变形
		装复后轮毂，调整制动间隙	①装复支承销、制动蹄片时，承孔均应涂润滑脂，开口销或卡簧齐全可靠； ②润滑轴承； ③套管轴颈表面应涂机油后再装上轴承； ④制动蹄片、制动鼓面应清洁，无油污； ⑤制动蹄片与制动鼓的间隙应符合规定，转动无碰擦现象或声响，检视孔挡板齐全紧固； ⑥轮毂转动灵活，拉力符合规定； ⑦锁紧螺母按规定力矩扭紧
21	转向器、转向传动机构	①检查转向器传动机构的工作状况和密封性，校紧各部螺栓； ②检查调整转向盘自由转动量	转向盘自由转动量符合规定，转向轻便、灵活，无卡滞和漏油现象，垂臂及万向节臂无弯曲及裂损，各部螺栓连接可靠
22	前束及转向角	调整	符合规定
23	变速器、差速器	检查密封状况和操纵机构，清洁通气孔	密封良好，通气孔畅通，操纵机构作用正常，无异响、跳动、乱挡现象
24	传动轴、传动轴承支架、中间轴承	①检查防尘罩； ②检查传动轴万向节工作状态； ③检查传动轴承支架； ④检查中间轴承间隙	①防尘罩不得有裂纹、损坏，卡箍可靠，支架无松动； ②万向节不松旷，无卡滞，无异响； ③传动轴支架无松动； ④中间轴承间隙符合规定

续 表

序号	维护项目	作业内容	技术要求
25	空气压缩机、储气筒、安全阀	清洁，校紧	清洁、连接可靠，无漏气，安全阀工作正常
26	制动阀、制动管路、制动踏板	①检查制动踏板自由行程；②检查紧固制动阀和管路接头；③液压制动检查制动管路内是否有气	①制动踏板自由行程符合规定；②制动阀和管路接头连接可靠，无漏气；③液压制动管路内无气
27	驻车制动	检查驻车制动性能，检查驻车制动器自由行程	符合规定，作用正常
28	悬架	检查、紧固，视情况补焊、校正	不松动、无裂纹，无断片，按规定扭紧力矩紧固螺栓
29	轮胎（包括备胎）	检查紧固，补气，进行轮胎换位，磨损严重时更换轮胎	气压符合规定，清洁，无裂损、老化、变形，气门嘴完好，轮胎螺栓紧固，轮胎的装用符合规定
30	发电机、发电机调节器、起动机	清洁、润滑	符合规定
	蓄电池	检查、清洁、补给	清洁，安装牢固，电解液液面符合规定
31	前照灯、仪表、喇叭、刮水器、全车电器线路	检查、调整，必要时修理或更换	①前照灯、喇叭、各仪表及信号装置功能齐全、有效，符合规定；②刮水器电动机运转无异响，连动杆连接可靠；③全车线路整齐，连接可靠，绝缘良好
32	车身、车架、安全带	检查、紧固	①性能可靠，工作良好；②无变形、断裂、脱焊，连接螺栓、铆钉紧固
33	内装饰	检查、紧固	设备完好，无松动
34	空调装置	检查空调系统工作状况、密封状况	①制冷系统密封，制冷效果良好；②暖气装置工作正常
35	润滑	全车加注润滑脂的部位全部润滑	润滑脂嘴齐全有效，润滑良好
注：技术要求栏中的"符合规定"指符合实际应用中有关技术规定或技术要求。			

●二级维护竣工检验。汽车在维修企业进行二级维护后，必须进行竣工检验，各项目参数符合国家或行业及地方标准。竣工检验合格的车辆填写维护竣工出厂合格证后方可出厂；检验不合格的车辆应进行进一步的检测、诊断和维护，直到达到维护竣工技术要求为止。

二级维护竣工要求如表6-4所示。

表 6-4 二级维护竣工要求

序号	检测部位	检验项目	技术要求	备注
1	整车	清洁	汽车外部、各总成外部、三滤（燃油滤清器、机油滤清器和空气滤清器）应清洁	检视
		面漆	车身面漆、腻子无脱落现象，补漆颜色应与原色基本一致	检视
		对称	车体应周正，左右对称	汽车平置检查
		紧固	各总成外部螺栓、螺母按规定力矩扭紧，锁销齐全有效	检查
		润滑	发动机、变速器、转向器、减速器润滑符合规定，各通气孔畅通。各部润滑点润滑脂加注符合要求，润滑脂嘴齐全有效，安装位置正确	检视
		密封及电器	全车无油、水、气泄漏，密封良好，电器装置工作可靠，绝缘良好	检视
		前照灯、信号、仪表、刮水器、后视镜等装置	稳固、齐全、有效，符合有关规定	检视
2	发动机	发动机工作状况	发动机能正常起动，低、中、高速运转均匀且稳定，水温正常，加速性能良好，无断缸、回火、放炮等现象，发动机运转稳定后应无异响	路试
		发动机功率	无负荷功率不小于额定值的 80%	检测
		发动机装备	齐全有效	检视
3	离合器	踏板自由行程	符合原厂规定	检测
		离合情况	接合平稳，分离彻底，无打滑、抖动及异响	路试
4	转向系	转向盘最大转动量	符合规定	检查
		横直拉杆装置	球头销不松旷，各部螺栓螺母紧固，锁止可靠	检查
		转向机构	操作轻便、转动灵活，无摆振、跑偏等现象，车轮转到极限位置时，不得与其他部件有碰擦现象	路试
		前束及最大转向角	符合规定	检测
		侧滑	符合 GB 7258—2012《机动车运行安全技术条件》中的有关规定	检测
5	传动系	变速器、传动轴、主减速器	变速器操纵灵活，不跳挡，不乱挡。变速器传动轴、主减速器各部无异响，传动轴装配正确	路试
6	行驶系	轮胎	轮胎磨损应在规定范围内，同轴轮胎应为相同的规格和花纹，转向轮不得使用翻新轮胎，轮胎气压符合规定，后轮辋孔与制动鼓观察孔对齐	检查
		钢板弹簧	钢板弹簧无断裂、位移、缺片，U 型螺栓紧固，前后钢板支架无裂纹及变形	检查

续 表

序号	检测部位	检验项目	技术要求	备注
6	行驶系	减振器	稳固有效	路试
		车架	车架无变形,纵横梁无裂纹,铆钉无松动,拖车钩、备胎架齐全,无裂损变形,连接牢固	检查
		前后轴	无变形及裂纹	检查
7	制动系	制动性能	应符合 GB 7258—2012 中的有关规定	路试或检测
		制动踏板自由行程	符合规定	
		驻车制动性能	应符合 GB 7258—2012 中的有关规定	路试或检测
8	滑行	滑行性能	符合规定	路试或检测
9	车身、车厢	车身	驾驶室装置紧固,门锁链灵活无松旷,限动装置齐全有效,驾驶室门关闭牢靠,无旷动,风窗玻璃完好,窗框严密,门把、门锁、玻璃升降器齐全有效。发动机罩锁扣有效,暖风装置工作正常	检查
		车厢	车厢不歪斜,整体不变形,底板无损坏,边板、后门平整无变形,铰链完好,关闭严密,前后锁扣作用可靠	检视
10	排放	尾气排放测量	符合有关标准的规定	检测

任务二　汽车美容与美容产品销售

一、汽车美容概述和服务项目

1. 汽车美容概述

汽车美容是指对汽车的美化与维护。正如人们护理皮肤一样,皮肤如果得不到爱护就会变得粗糙,失去弹性和光泽,还会未老先衰,汽车的保养同样如此。

我国的汽车美容业起步相对较晚,大多数消费者易将汽车美容简单地理解为洗车和打蜡。其实汽车美容与一般的洗车和打蜡有着本质的区别,它不只是简单的清洗、吸尘、除渍、除臭以及打蜡等常规护理,还包括利用专业美容系列产品和高科技设备,采用特殊的工艺和方法,对汽车进行漆面抛光、增光、深浅划痕处理以及全车漆面翻新等一系列养护作业,并根据作业性质的不同,可分为护理性美容与修复性美容两大类。

(1) 护理性美容

护理性美容指的是为保持车身漆面和内饰件表面亮丽而进行的美容作业，主要包括新车开蜡、汽车清洗和漆面研磨、抛光、还原、上蜡以及内饰件保护处理等美容作业。

(2) 修复性美容

修复性美容指的是车身漆面或内饰件表面在出现某种缺陷后进行的恢复性美容作业，缺陷主要有漆膜病态、漆面划痕、斑点以及内饰件表面破损等，根据缺陷的范围和程度不同分别进行表面处理、局部修补、整车翻修以及内饰件修补更换等美容作业。

2. 汽车美容服务项目

汽车美容服务项目大体上可分为五大部分：车身美容、内部美容、漆面处理、汽车防护和汽车精品。

(1) 车身美容服务项目

车身美容服务项目主要包括高压洗车，除锈、去除沥青、焦油等污物，上蜡增艳与镜面处理，新车开蜡，钢圈、轮胎、保险杠翻新与底盘防腐涂胶处理等项目。经常洗车可以清除车表尘土、酸雨、沥青等污染物，防止漆面及其他车身部件受到腐蚀和损害。适时打蜡不但能给车身带来光彩亮丽的效果，而且多功能的车蜡能够无微不至地呵护爱车，可以防紫外线、防酸雨、抗高温及防静电。

(2) 内部美容服务项目

内部美容服务项目主要分为车内美容、发动机美容、行李舱清洁等内容。其中车内美容包括仪表台、顶棚、地毯、脚垫、座椅、座套、车门衬里的吸尘清洁保护，以及蒸汽杀菌、冷暖风口除臭、车内空气净化等项目；发动机美容则包括发动机冲洗清洁、喷上光保护剂、做翻新处理、三滤清洁等项目。

(3) 漆面处理服务项目

漆面处理服务项目可分为氧化膜处理、飞漆处理、酸雨处理、漆面划痕处理、漆面破损处理及整车喷漆。漆面处理不仅能使爱车永葆"青春"，还能复原不慎造成的划痕及破损，更好地保护车身，使汽车保值。

(4) 汽车防护服务项目

汽车防护服务项目包括贴防爆太阳膜、安装防盗器、安装静电放电器、安装汽车语音报警装置等。汽车防护虽然对汽车的美观不产生直接影响，但却能很好地呵护爱车。

(5) 汽车精品服务项目

汽车精品是汽车美容的点睛之处，也是一种汽车生活文化的体现，它致力于把汽车营造成一个流动的生活空间，诸如车用香水、蜡掸、护目镜、把套、坐垫等。汽车精品带给人们的是一种贴身的关怀。

二、汽车美容产品销售话术

维修服务顾问只有在掌握汽车美容基础知识和正确的话术之后，才能解决客户疑问，做到有的放矢，从而获得客户的信赖。

1. 汽车漆面为什么要上蜡？

答：汽车上蜡是汽车漆保护的基本手段，上蜡的作用有以下两点。
- 汽车漆表面形成一层保护膜，有效隔离外部环境对车漆的不良影响，如阳光、酸雨、灰尘、鸟粪、工业污染等，为汽车穿上一层隐形车衣。
- 增加车漆表面的光泽，在抛光的基础上达到最终的镜面效果。

2. 汽车漆面为什么要抛光？

答：抛光的作用有以下几点。
- 依靠抛光剂与车漆产生的化学反应，让车漆显示出本身的光泽，达到镜面效果。
- 治理（如未经研磨）车漆的轻微损伤，包括酸雨点、碱性水点、石灰水泥点、虫体鸟粪、工业污染等。
- 为打蜡做好准备。
- 消除研磨造成的细微划痕（发丝划痕）。

3. 汽车漆面为什么要研磨？

答：由于阳光（紫外线）、雨水和空气中的杂质，车漆在使用一段时间（六个月左右）后会逐渐出现氧化层，开始时肉眼看不见，但用手抚摸车体表面会感觉不平，严重时车体表面会失光，打蜡也无济于事，因此需要进行研磨。

4. 车蜡的作用有哪些？

答：车蜡的作用有以下几点。

（1）防水作用

汽车经常暴露在空气中，免不了受风吹雨淋，使水滴存留在车身表面。在天气转晴，强烈阳光照射下，每个小水滴就是一个凸透镜，在它的聚焦作用下，焦点处温度达800℃～1000℃，造成漆面暗斑，极大地影响漆面的质量及使用寿命。另外，水滴易使暴露金属表面产生锈蚀。高档车蜡可使水滴附着减少90%以上，大大降低车身遭受侵蚀的可能性，最大限度地保护漆面。

（2）抗高温作用

车蜡的抗高温作用原理是对来自不同方向的入射光产生有效反射，防止入射光使面漆或底色漆老化变色。

（3）防静电作用

汽车静电的产生主要有两个来源，一是由纤维织物，如地毯、座椅、衣物等的摩擦产生的；二是由汽车在行驶过程中，空气中的尘埃与车身金属表面相互摩擦产生的。无论是哪种原因产生的静电，都会给乘员带来诸多不便，甚至造成伤害。车蜡防静电作用主要体现在车表静电防止上，其作用原理是隔断尘埃与车表金属摩擦。由于涂覆蜡层的厚度及车蜡本身附着能力不同，它的防静电作用有一定的差别。一般防静电车蜡在阻断尘埃与漆面摩擦的能力方面优于普通车蜡。

（4）防紫外线作用

车蜡隔离紫外线作用与它的抗高温作用是并行的，只不过在日光中，紫外线的特性决定了紫外光线较易于折射进入漆面，防紫外线车蜡充分地考虑了紫外线的特性，使其对车表的侵略得以最大限度地降低。

（5）上光作用

上光是车蜡最基本的作用，经过打蜡的车辆，都能改善其表面的光亮程度，使车身恢复亮丽本色。

5. 新车开蜡的注意事项有哪些？

答：汽车生产厂家为防止新车尤其是进口车在储运过程中漆膜受损，都在汽车外表涂有保护性的封漆蜡以抵御远洋运输中海水对漆膜的侵蚀。因为封漆蜡极厚，并且十分坚硬，所以还可以防止大型双层托运车运输途中树枝或强力风沙的剐蹭及抽打。封漆蜡主要含有复合性石蜡、硅油、PTFE树脂等材料，能对车表面起到长达一年的保护作用。封漆蜡不同于上光蜡，该蜡没有光泽，严重影响汽车美观。另外，封漆蜡易黏附灰尘，且不易清洗。因此，购车后必须将封漆蜡清除掉，同时涂上新车保护蜡。清除新车的封蜡称为"开蜡"。新车开蜡的注意事项如下：

● 在进行高压冲洗时，压力不要高于7MPa。
● 高压冲洗只需冲掉灰尘及泥沙等可能影响除蜡效果的杂质即可。
● 开蜡水喷施一定要均匀，边角缝隙处千万不可忽视。
● 喷施开蜡之后，要待开蜡水完全渗透蜡层并使其开始溶解后（5～10min），才能用毛巾擦拭。
● 最后的清洁剂擦干要按洗车作业规程实施，因为经开蜡水清洗开蜡后，仍有部分蜡质及杂质留在车表。
● 开完蜡后必须打蜡保护。

6. 抛光与上蜡有什么不同？

答：许多车主认为"上蜡"等同于"抛光"，但它们之间有很大的差异。

可将纯抛光比喻成油漆的护理剂，它将贵重的油料融入油漆中，去除细小的刮痕，使表面产生光泽；而蜡油是用于保持耐久性。上蜡可以增强油漆的光泽度，但它的主要作用是提高耐久性，保护油漆。

经常对汽车进行抛光处理，可以使汽车润色无限，有深层光泽。使用一块干净的不沾水纯棉毛巾，沿着汽车洁净的漆面擦拭。如果听到"吱吱"声，则说明需要进行上蜡保护处理。

汽车清洗干净后，用手沿着上面测试，发现有粗糙的斑点或感到磨手，应使用研磨清洁剂去掉污渍，然后抛光上蜡。

7. 漆面划痕怎样处理？

答：浅度划痕可先用砂纸打磨，清除其杂质和锈迹，再通过漆面还原、上蜡处理，最后用抛光剂对其进行抛光处理，直到漆膜平整光亮为止。

中、深度划痕是无法用研磨的方法修复的，小面积的凹度不超过5mm，可通过填补腻子找平，再做补漆处理；如果划痕处金属外露，则要先清洁表面涂层铁锈、焊渣，打磨平整，再涂抹具有防锈效果的氧化中和剂，喷涂底油，并重复喷漆、晾干、打磨；而变形较严重的则要经过钣金处理。

划痕的处理对技师技术的要求是比较高的，必须有先进的工艺，才能使车辆在最短的时间内迅速恢复原貌。

8. 汽车封釉、汽车镀膜的作用是什么？

答：简单地说，镀膜与封釉都是在车漆表面涂上一种化学物质，通过在车漆表面上形成的一种高硬度、抗氧化、抗腐蚀的膜，从而对车漆形成保护。要在车漆表面形成一种固态保护层，需要先打磨掉车漆表面的氧化层，以保证"釉"或者"膜"在车漆表面的附着能更加持久。

对于新车来讲，由于并没有很厚的氧化层，因此不管封釉还是镀膜，都不需要更多地进行打磨；而对于旧车来讲，划痕必须通过打磨去除，如果是伤到底漆的深度划痕，则只能进行补漆了。

另外，对车漆表面进行打磨，更是为了消除车漆表面由于长期磨损形成的细微划痕。如果没有把这些细微划痕打磨掉，不仅达不到光亮如镜面的效果，而且划痕中残留的氧化物还会继续腐蚀车漆，也就失去了封釉、镀膜的意义。所以，从这一点上讲，鼓励新车使用较好的镀膜产品，而旧车封釉镀膜前最好还是到汽车美容店进行抛光处理。

9. 高档轿车精打抛光水晶蜡的步骤

答：首先要去除污渍，这很重要，否则打再好的蜡也没光泽；其次精打水晶蜡；再次机器抛光，使车蜡均匀，消除阴阳色，使车蜡与漆面产生的保护层结合成坚固不可渗透的更滑、更强、更持久的超强保护膜；最后麂皮抹车进行特殊处理，不留擦痕、光亮爽洁。

每月应定期精打抛光上蜡一至二次，最好少用或不用油性固体蜡，不用毛巾擦蜡，不在阳光下或车体高温时打蜡。

10. 漆面防护需要注意哪些事项？

答：漆面防护需要注意以下事项。
- 在车辆维修保养中，注意不要用带有油污的脏手触摸车身漆面或用油抹布随意擦洗漆面，不要将粘有油污的工具或含有有机溶剂的抹布置于车身上，以免产生化学反应。
- 漆面若无明显划痕，不要轻易进行二次喷漆，以防止漆色不合或结合不好。
- 车辆长期停驶，应停在车库或通风良好的地方，冬天应用专用车身罩覆盖。临时停放时，要选择阴凉的地方。
- 防止对车身漆膜进行强烈冲击、磕碰和划痕。如发现漆面有伤痕、凹陷或脱落应及时进行修补，最好是到美容店修补。
- 对镀光金属件的清洗，应使用炭精清洗剂，定期对其进行上蜡保护。
- 对车身装饰件的清洗，要用质量较好的洗涤剂，上蜡时不要擦抹过重，避免穿透漆层而露原形。

除此之外，还可粘贴汽车漆面保护膜，可用于保护车身保险杠、发动机盖、前后车门、后视镜等烤漆漆面，保护车漆面不被轻微擦撞而刮伤掉漆。

11. 轮胎应怎样护理？

答：轮胎在使用过程中直接与各种条件的路面接触，易黏附路面上的各种污物，这些污物有一些会侵入轮胎橡胶表面，造成以下后果。
- 轮胎橡胶失光。被污物侵蚀后的轮胎将失去原有纯正黑色，而呈现灰黑色，影响汽车视觉效果，且这种失光通过清洗是无法解决的。
- 轮胎橡胶老化。受侵蚀的橡胶极易老化、变硬，失去原有的弹性及耐磨性。

轮胎翻新主要用品是轮胎保护剂。它能迅速渗透于橡胶内，分解侵入的有害物质，延缓轮胎橡胶老化，且具有增黑增亮功能，特别适用于清洁保养轮胎。

12. 汽车内室为什么要进行清洁保养？

答：车室内真皮及丝绒座椅、顶棚、仪表板、地毯、脚垫、门板等皮、塑胶、橡胶、纤维物件，长期使用易藏污纳垢，不但令人生厌，而且还会使细菌滋生而产生霉味，既影响车主身心健康又不利于驾驶心境。因此，平时应用专业的汽车内饰清洁剂清洁，并定期进行全套室内专业护理，如汽车桑拿等。

汽车桑拿是用高温蒸汽机（桑拿机）产生的高温水蒸气，对汽车车内各部位进行清洁，可达到清洁、软化污垢、杀灭细菌、除去车内异味的作用。

13. 发动机表面为什么要美容？

答：汽车在行驶过程中，发动机外表不可避免地接触各种油脂、灰尘、沙粒等，形成难以处理的油垢，既不美观又影响发动机自身的散热效果。

14. 发动机内部为什么要清洗？

答：润滑系统是汽车的重要组成部分。当汽车运行时，机油便工作在高温、高压状态之下，系统中不可避免存在灰尘、金属磨粒等杂质。这样，机油会逐渐失去保护能力，颜色变黑。经常更换机油是有益的，但问题仍然存在，因为大部分废机油中的油泥和漆状物仍留在系统内。新机油加入后会与油泥和漆状物迅速融合，周而复始，润滑系统将会因为油泥和漆状物的存在而堵塞（尤其是机油泵的滤网）。机油流动不连贯，导致发动机发生故障。

为了解决这个问题，延长发动机使用寿命，并且改善机体性能，应定期清洗发动机润滑系统，清洗掉系统内的油泥、漆状物和其他包容物，进而减少新机油的污染。

思考与练习

简答题

1. 发动机的两大机构、五大系统是什么？

2. 汽车底盘由几大系统组成？

3. 电气系统通常由哪几部分组成？

4. 汽车美容服务项目大体上可分为哪五大部分？

课题七
汽车维修接待的基本流程

学习任务

1. 了解维修服务顾问在维修接待过程中的工作职责；
2. 掌握维修企业的接待服务流程和实施规范；
3. 了解预约的意义及接车环检的主要内容；
4. 掌握维修委托书的有关注意事项。

汽车维修企业维修服务工作的实施水平直接体现了企业的经营管理水平，维修服务流程实际上就是维修企业的维修业务管理流程。

维修服务流程一般是从预约开始，经过接待、维修作业、质量检验、结算、交车到最后的跟踪回访，如图7-1所示。

图7-1 维修接待服务流程

任务一 预约

一、预约的意义

预约服务是汽车维修服务发展的一大趋势。预约是汽车维修服务流程的首个环节，它是一个与客户建立良好关系的机会。同时，维修企业通过预约，可根据企业本身的作业容量制定出具体作业时间，以保证作业效率。

二、预约的分类

根据维修服务站与客户之间的主被动关系，预约分为主动预约和被动预约，无论哪种形式，预约一般采用电话、微信、QQ等形式预约。

1. 主动预约

主动预约是维修服务顾问主动与客户联系，提醒客户车辆到了保养周期，尽快到服务站进行保养维修。

很多客户由于时间、工作等原因不可能随时关注自己的爱车，也不可能牢记汽车保养周期。这就需要维修服务站服务顾问采用电话、微信、QQ定期对客户进行访问，及时了解车辆使用情况，并提出维护保养和维修的合理化建议。

服务顾问的主动预约对客户而言，可以体现对客户的人文关怀，可以增进与客户的感情交流，可展现良好的企业形象；对服务站本身而言，合理的时间安排会使维修技师工作负荷分摊均匀，防止服务站超负荷工作或负荷不足。

2. 被动预约

被动预约是指车主主动联系服务站进行车辆维修保养的行为。

有些车主在车辆使用过程中，感觉自己的车辆需要维护或者出现了其他不能解决的现象，从而打电话给服务站要求到站检测或维修保养。这对服务站来讲是被动的，因此称为被动预约。

三、预约的好处

1. 预约对客户的好处

- 客户可以方便地根据自己的日程安排服务时间。
- 缩短客户等待的时间。

- 获得更多的个别关照。
- 可能有更多的咨询时间。
- 有更充分的诊断时间，从而得到质量更好的服务。

2. 预约对服务站的好处

- 可以合理安排维修工作量，节约时间，从而提高生产效率。
- 确保接待时间，以免遗漏客户要求。
- 使客户的车辆得到迅速、优质的维修，提高客户满意度和忠诚度。
- 避免客户集中出现，可以从容应对，避免不必要的纠纷。
- 可以实现计划工作和单车过程控制。
- 可以事先准备配件，实行计划作业，节约配件准备和查询对工作效率的影响。
- 可以预先安排工作协作，加强计划性。

四、预约的工作内容、要求及准备

1. 工作内容

- 询问客户及车辆基础信息（核对用户数据，登记新用户数据）。
- 询问行驶里程。
- 询问上次维修时间及是否返修。
- 确认客户的需求及车辆故障问题。
- 介绍特色服务项目及询问客户是否需要这些项目。
- 确定接车时间并暂定交车时间。
- 提供价格信息。
- 提醒客户带相关资料（随车文件、维修记录）。

2. 工作要求

- 使用预约登记表或汽车维修管理系统进行预约。
- 引导客户预约，设立预约客户欢迎板，展示预约流程图，对客户进行预约宣传，采取优惠手段激励客户预约。

3. 工作准备

- 草拟派工单，包括目前为止已了解的内容，可以节约接车时间。
- 检查是否是返修，填写《返修车处理记录表》以便特别关注。
- 检查上次维修时发现但没有纠正的问题，记录在本次订单上，以便再次提醒客户。
- 估计是否需要进一步工作。
- 通知车间、备件、接待、资料、工具相关人员做准备。
- 提前一天检查各方的准备情况（技师、备件、专用工具、技术资料等）。

五、预约服务流程与实施规范

1. 预约服务流程

通常，预约工作由维修服务顾问或信息员按照规范的预约流程来完成，预约规范流程如图 7-2 所示。

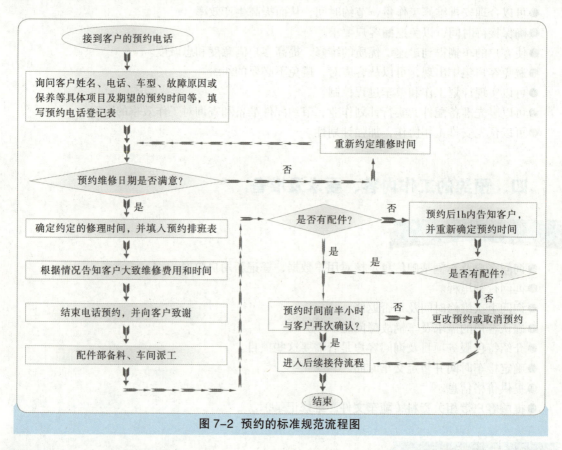

图 7-2 预约的标准规范流程图

2. 预约实施规范

规范一

有关预约流程应在接待区醒目处张贴，作为宣传。

规范二

预约欢迎板放置在接待室入口处，必须明确维修服务顾问、客户姓氏、车牌号及预约时间。

规范三

进行必要预约服务内容的广告宣传。宣传品上必须印有"预约服务电话号码"。

▶▶ **规范四**

维修企业应根据本服务站的业务量受理预约。

▶▶ **规范五**

维修企业由业务主管负责预约相关事宜。

▶▶ **规范六**

维修企业应设预约电话，并公开、公告。

▶▶ **规范七**

预约客户数量，在考虑未预约客户余量的前提下由各服务维修企业自行决定。

▶▶ **规范八**

预约电话铃响三声内，必须有人接听电话。

▶▶ **规范九**

接受电话预约时，应仔细倾听预约客户的要求，并记录于预约电话登记表上。

▶▶ **规范十**

接受电话预约时，如果无法回答客户的问题或顾虑时，应亲自联络其他人员协助，如果一时不能解答客户的问题，应向客户承诺何时能够给予答复。

▶▶ **规范十一**

在预约结束前向客户再次确认客户的要求，如客户的预约维修时间、故障描述及客户的要求等，同时根据客户需求，做出对维修费用的大致估价，并向客户说明。

▶▶ **规范十二**

守约。告诉客户工位"预留时间"，预留时间指超过预约时间的工位再等待时间。预留时间因地域不同而不同，可由维修企业自己确定。例如，"预留时间为10min"意思是：超过10min意味着用户自动放弃预约，原预留工位将另行安排。告诉用户你将"提前一个小时再次确认"，即给用户打电话确认用户是否准时赴约。

▶▶ **规范十三**

预约结束时须向客户表达感谢，欢迎客户光临本服务维修企业。

规范十四

对预约成功客户，可传递以下言语："谢谢您的预约，我们恭候您的光临！"

规范十五

对于未预约成功的客户，可传递以下言语："非常抱歉，这次未能满足您的需求。如果您今后有需要，欢迎再次预约。"

六、预约过程注意事项

1. 努力做到

- 电话随时有人接听（预约电话铃声响三声内，有人接电话）。
- 记录所有需要的信息和客户对故障的描述。
- 进行诊断，必要时向维修技术员或技术专家求助。
- 告知客户诊断结果和解决方法以及所需费用和时间。
- 根据客户要求和车间能力约定时间。
- 告知客户将由哪位维修服务顾问进行接待。
- 及时告知维修服务顾问和备件预约情况。
- 备件部门设立专用货架存放预约的备件。
- 维修服务顾问负责监督预约的准备工作（委托书、备件、专家、技师和工位、设备/工具、技术资料）。
- 如果不能履行预约时，及时通知客户并另约时间。
- 前一天和一小时确认各项准备工作和客户履约情况。
- 预约客户来时，维修服务顾问在场，并进行接待。

2. 尽量避免

- 电话铃响三声之后无人接听或长时间占线。
- 客户和车辆信息或故障描述记录不全。
- 不对故障进行诊断。
- 不按车间维修能力安排预约。
- 客户不知道谁会接待他。
- 预约情况不及时通知有关部门和人员。
- 备件部门没有为预约客户预留备件。
- 准备工作不充分。
- 客户已经前来才通知不能履约。
- 不提前确认准备工作和客户履约情况。
- 客户前来时，负责接待的维修服务顾问不在场。

3. 预约范例

步骤	对话范例

步骤一：应答并自我介绍

维修服务顾问：
"早上好，这里是顺华运达北京现代服务部，我是胡一阳。"

客户：
"我想给车做个保养，顺便修一下排气系统。"

步骤二：询问客户的姓名和车辆详细情况

维修服务顾问：
"当然可以了，能告诉我您的姓名以及车型吗？"

客户：
"李京，车是我丈夫的，车型是佳美。"

维修服务顾问：
"没错，我想起来了，黑色的伊兰特，2009年的车型。"

客户：
"对，就是它。已经驾驶了80 000km，最近我丈夫发现排气系统开始出现噪声，他认为需要换个后消声器。您能安排明天吗？星期五？"

步骤三：为客户提供若干选择时间：周几，几号

维修服务顾问：
"非常抱歉，李太太，明天的预约已经满了。做保养和维修排气系统至少需要3个小时。我们可以将预约安排在下周二、周三或周四的任意时间，您方便哪天来？"

客户：
"排气噪声太恼人了，我想越快解决越好。您能周二上午维修，然后中午交车吗？"

维修服务顾问：

"好的。我们可以周二上午 8：30 开始工作。即使要更换整个排气系统，不单是消声器，到 12：00 时我们也可以将车辆备好。"

步骤四：如果可能的话，提供报价

客户：

"太好了，那就定在下周二上午吧。顺便问一下，价格是多少？"

维修服务顾问：

"80 000km 保养需××元（含零件、润滑油和工时费）。更换后消声器需×元。如果需要更换整个排气系统需花费××元（含工时费）。检查车辆后我将给您一个明确的报价。"

客户：

"但愿只更换后消声器就可解决问题。好吧，那就将预约定在星期二吧。但是请您确认能准时交车。我两点有个约会，需要用车。"

步骤五：确认和客户达成的协议，重复星期几、几号、时间和客户的要求

维修服务顾问：

"我们确定能准时交车。那么，李太太，我们将预约定在下周二，即 8 月 31 日上午 8：30，为您做 80 000km 保养并解决排气噪声问题。车辆维修将于中午 12：00 前完成。顺便问一下，需要为您提供交通工具吗？"

步骤六：确认是否需要为客户提供交通工具

客户：

"不用了，我的朋友会来接我。"

维修服务顾问：

"感谢您致电。咱们下周二上午 8：30 见。"

步骤七：感谢客户

客户：

"谢谢你，再见。"

任务二 接待

一个客户如约来到维修服务企业保养或修理车辆,发现一切工作准备就绪,维修服务顾问正在欢迎他的光临,这会让客户感到愉快。这恰恰也是客户又一次对维修企业建立良好信任的开端。因此,维修服务顾问应当具备良好的形象和礼仪,并善于与客户进行有效的沟通,体现出对客户的关注与尊重,体现出高水平的业务素质。

一、工作内容

在接待过程中,维修服务顾问有两项重要的工作,即填写接车预检表(接车检查单或接车问诊表)和签订维修委托书(维修施工单或维修合同)。

1. 填写接车预检表

为了避免在客户提车时产生不必要的误会或纠纷,维修服务顾问在车辆进入维修车间前必须与客户一起对车辆进行环车检查,环车检查的位置及其内容如图 7-3 所示。

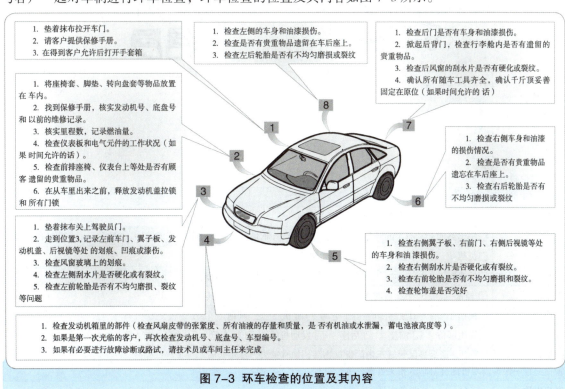

图 7-3 环车检查的位置及其内容

检验完成后,填写接车预检表并经客户签字确认。接车预检表一式三份,一份交由客户保管,一份交维修技师保管,一份交企业保管。接车预检表如表 7-1 所示。

表 7-1 汽车维修服务有限公司接车预检表

车牌号		车型		千米数		送检日期	
应检查随车附件，并注明其状况：良好（√）有问题（○）	前后标			备胎		油表指针	
	点烟器			随车工具			
	内饰划痕			贵重物品			
	车身漆			其他			

仪表盘：如有异常之处，请用"√"表示

ABS	蓄电池	发动机转速	方向指示灯	远光指示灯	车速/里程	燃油表	水温表	发动机故障指示灯	制动警示灯	安全气囊	机油压力	安全带
□	□	□	□	□	□	□	□	□	□	□	□	□

外观及内饰：（○凹凸，△破损，×划痕）

预检类别： □保养 □保养及维修 □维修 □事故 □索赔 □免费检测	客户叙述：

发生时间	□突然　　　　□（　）天前　　　　□其他（　　　　　　）
发动机状态	□冷车时　　　□热车时　　　　　□其他
路面状况	□平坦路面　□颠簸路面　□上坡　□下坡　□高速公路　□弯道（急/缓）　□其他（　）
天气状况	□炎热　　　　□寒冷　　　　　　□晴天　　□雨天
行驶状况	□低速时（　）km　□高速时（　）km　□加速时　□减速时　□空载　□满载
发生情况	□经常　　　　□有时（　）　□在原地　□行驶中　□其他（　　　）
工作状态	□换挡（　）挡　□起步时　□空调（开/关）　□其他（　　）
发生部位	□发生部位　□前座　□后座　□发动机舱　□行李舱　□地盘（前/后）
友情提示：尊敬的客户，请妥善保管好车内的贵重物品，如有遗失，恕不负责。 预检过程中根据需要可能会对车辆相关零部件进行拆检。	

客户电话：		业务电话：	
客户签字：		预检接待人员签字：	

2. 签订维修委托书

维修委托书是客户委托维修服务企业进行车辆维修的合同文本。

（1）签订维修委托书的目的

- 提高客户对维修服务企业的信赖度；提高客户满意度，明确维修项目，避免不必要的纠纷。
- 帮助维修技师更好地检测判断，提高工作效率。
- 帮助检查人员更好地实施检查，避免返修。

（2）签订维修委托书的好处

对客户的好处

- 客户的维修需求能更明确地表达。
- 客户可事先知道维修方案以及维修价格，并决定是否认可维修。
- 客户可明确维修项目，减少沟通时间。

对企业的好处

- 可明确维修委托责任人，得到客户的授权，避免不必要的纷纷。
- 维修项目、有关费用和维修时间得到客户的认可，可避免客户提车时产生不必要的纠纷。
- 使维修保养更具有针对性，提高工作效率。

（3）维修委托书的制定

维修委托书样板如表7-2所示。

表 7-2 汽车维修委托书

服务站名称		车辆进站时间		年 月 日 时	服务顾问	
客户信息		□车主 □送修人		地址	联系电话	
车辆信息	车牌号	车型		VIN	发动机号	里程数
作业信息	维修开始时间 年 月 日 时	预计交车时间 年 月 日 时		付款方式 □现金 □信用卡 □其他	非索赔旧件是否带走 是□ 否□	
互动检查	是否有贵重物品 是□ 否□	油箱油量		□空 □< 1/4 □半箱 □< 3/4 □满箱		
	车身状况漆面检查，损伤部位下图标注			检查结果		
				车身检查		
				车内检查		
				发动机舱		
				底盘检查		
互动检查	客户须知： 1. 客户提供的信息真实有效。 2. 维修完成时间以通知客户接车时间为准。 3. 客户应在接到通知 2h 内接车。 4. 客户违反"客户须知"产生的风险和损失须客户承担		客户故障描述：			
外出救援：是□ 否□ 救援里程（往返）： （千米） 救援到达时间：						
客户确认：本人已阅知并理解上述内容。 客户签字：						
维修项目	维修项目	备件	是否索赔	材料费	工时费	小计	维修人	检查人
			□是 □否					
			□是 □否					
			□是 □否					
			□是 □否					
			□是 □否					
			□是 □否					
			□是 □否					
	预估费用：	费用小计						
客户确认以上维修项目及费用：								
新增维修项目	维修项目	备件	是否索赔	材料费	工时费	小计	维修人	检查人
			□是 □否					
			□是 □否					
			□是 □否					
			□是 □否					
	预估新增维修时间：	费用小计						
	预估新增维修费用：							
客户确认以上维修项目及费用：								
质检员签字(盖章)：	索赔费用	自费费用	维修总费用		交通补偿费用（元）：			
	通知用户接车方式	□现场 □短信 □电话	通知用户接车时间	年 月 日 时	实际交车时间	年 月 日 时		
客户评价	□满意 □不满意	不满意原因：□服务接待 □服务环境 □维修质量 □维修时间 □备件保供 □维修收费 □产品质量						
本人确认以上内容与本人委托需求一致并已提车。 客户签字：								
备注：1、此表一式三联，客户、服务站、客户服务站各一联； 2、通知用户接车时间为三包内项目维修完成的时间，三包外项目的维修完成时间不包含在内。								

维修委托书一式三份，其中一份交付客户，作为客户提车时的凭证，以证明客户曾经将该车交付维修企业维修，客户结算提车时收回或盖章（"已提车"字样）。企业自用的两份，一份用于维修车间派工及维修人员领料使用，另一份留底保存，以便查对。

根据车辆维修项目的不同，填写维修委托书的流程也略有不同。车辆如果进行一级维护，可以直接同客户签订维修委托书。车辆如果要进行故障处理，维修服务顾问应对客户车辆进行技术性检查和初步故障诊断，验证故障现象是否同预约中描述的一致，必要时需请技术人员和客户一起试车检验或用仪器检测。根据检测诊断结果，拟订维修方案，初步估算修理工时费、材料费及其他费用，预计完工时间，打印好维修委托书，并请客户签字确认。

维修服务顾问同客户签订维修委托书时需向客户解释清楚维修委托书的内容，重点解释说明维修项目、估算修理工时费、材料费、其他费用和预计完工时间等。

维修委托书的注意事项

● 维修委托书经双方确认签字后具有合同效力，维修委托书上的有关费用为预算费用，结算时凭维修结算清单，按实际发生金额结算。

● 维修委托书是可以更改的，车辆在维修作业过程中，发现新的问题时，按维修作业流程运作，征求客户意见，客户认为此问题无关紧要，放弃维修时，则按原维修项目进行，客户同意增加维修项目或费用及延长维修时间时，在维修委托书上增补项目客户签字栏签字即可。

● 维修委托书配件栏中，使用的正、副厂配件及质量担保期由双方约定，必要时，附材料清单作为维修委托书的附件。客户自带配件应标注，并由企业查验登记，注明由此产生的质量问题，维修企业不负责任。

● 维修质量保证期：从竣工出厂之日起至××日或行驶里程××km，以先达到指标为准。

二、业务接待服务流程与实施规范

1. 接待服务流程

接待服务流程如图 7-4 所示。

课题七 汽车维修接待的基本流程

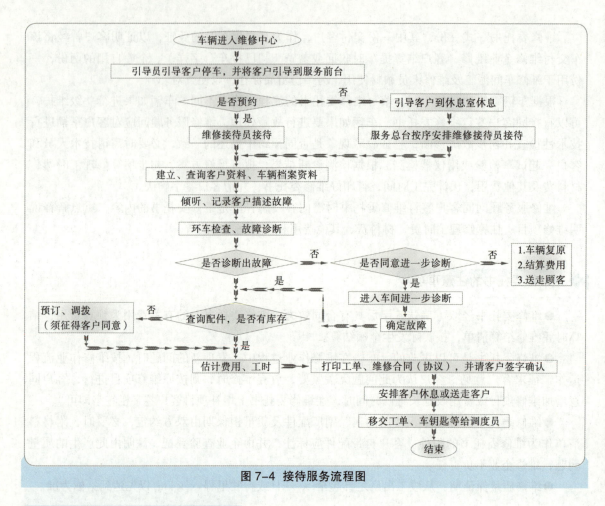

图 7-4 接待服务流程图

2. 接待服务实施规范

（1）迎接客户

规范一

维修服务中心的门卫应始终保持立正的站立姿势，衣着干净整洁、精神饱满。

规范二

客户车辆进入维修服务中心入口处时，门卫要主动为客户打开维修服务中心大门，并向客户敬礼或行注目礼表示欢迎，并引导客户到指定的停车区，当维修服务中心入口处有交通堵塞或交通不便时，门卫应主动进行交通疏导，让客户车辆方便进入。

规范三

当客户要通过时，工作人员应主动侧身给客户让道，并向客户说声："您好！"

规范四

一分钟内接待客户。客户到达维修服务中心后的一分钟内，须有人迎接，并按预约车辆、非预约车辆两种类型将客户引导至相应类别业务的接待前台。

规范五

如果是预约客户，将预约客户引导至预约车辆业务接待前台，并在车顶放置预约车辆标识牌；如果是非预约客户，则将客户引导至非预约车辆接待前台，前台工作人员按顺序通知维修服务顾问进行接待。

规范六

维修服务顾问应礼貌、热情、得体、规范地招呼客户，迎接客户时均应保持站立姿势，身体略向前倾，眼睛应注视着客户的眼睛，时刻面带微笑，并向客户传递以下的言语："您好，欢迎光临，很荣幸为您服务。"

规范七

维修服务顾问应主动向客户递交名片和维修服务中心的有关服务信息资料。

规范八

寒暄，积极问话。

规范九

确认来意，问明是何种业务（定期保养、保修、维修），是否有特殊要求，是否有过返修。

规范十

维修服务顾问应建立每一位来维修中心客户的档案及客户车辆的档案。

规范十一

对于老客户，应查询客户以往的维修档案，了解车辆以往的维修情况，以便于对车辆有比较全面的把握，为提出可行的维修建议提供有效依据。对于新客户，要新建客户档案及客户车辆档案，并存档。

规范十二

仔细倾听客户对车辆故障的描述，并在工单上做好记录。

询问客户有关的详情（利用 5W1H 手法，如表 7-3 所示）。

表 7-3 5W1H 项目及意义

项目	意义
What（何事）	问题的性质或客户需求？
Who（何人）	谁发现这个问题？
When（何时）	何时发生或多久发生一次？
Where（何处）	在哪里发生？
How（如何）	客户如何处理？
Why（为何）	为什么这样做？

必要时请技术专家协助诊断。

规范十三

除快速保养外，倾听客户需求的时间应在 6min 以上。

规范十四

客户在描述故障过程中，应帮助客户尽量将故障描述清楚，对于不清楚的地方，应在客户叙述完后问清楚，而不能随意打断客户讲话。

规范十五

中断客户讲话时，应向客户说明理由。

规范十六

维修工单应记录客户描述症状和维修需求的原话，以便于技师准确诊断维修。

规范十七

对重复维修及零件失效的返修应填写新的工单，并在工单上进行标识。

（2）预检

为了确认客户所需的维修项目是否还有遗漏并确认车辆入厂时的状态，维修服务顾问应建议客户一起进行预检，这样不仅可以拉近与客户的距离，展现热忱和细心，而且可以根据环车检查的结果向客户建议必要的维修或保养，促进维修业务的展开，增加收益。

规范十八

接待手续办妥后，应陪同客户一起进行预检，并参考该年过去的维修记录，对车辆进行初步的检查及诊断，以便正确掌握情况，并填入预检表。

规范十九

为保持客户车辆及车内清洁,当着客户的面使用座椅防尘套、转向盘防尘套和脚踏垫等保护措施,如图7-5所示。

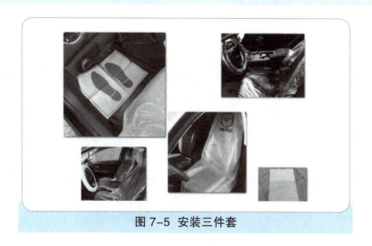

图7-5 安装三件套

规范二十

同时确认以下事项:千米数、车型、车外观损伤情况、咨询事项、内饰及其他肯定车辆原始状况的事项。

规范二十一

环车检查时,向客户确认有无贵重物品或遗留物。如有,应当场交还客户。

◎ 小贴士

环车检查注意事项:
1)手套箱是客户的私密空间,在打开之前一定要先征求客户的同意。
2)检查过程中如果发现有部位损伤,立即向客户指出损伤部位,并估算一下修补费用。

规范二十二

如果发现有损伤部位须向客户指出损伤部位,并建议修复损伤部位,估算费用。征得客户同意后,请客户签字确认。

规范二十三

某些需较长诊断时间的车辆,应先向客户解释清楚,并开暂时收车单,安排客户休息,同时督促尽快完成对车辆故障的诊断。

规范二十四

如该车故障较难判断，维修服务顾问应向客户说明情况，并引导客户到休息区休息，并立即通知车间主管，对该车进行进一步详细的诊断。

 规范二十五

碰到疑难杂症，有条件的维修服务中心应向上一级服务部申请技术援助或向有关技术专家求助。

 规范二十六

应尽量做到一次就将客户车辆故障诊断清楚，可利用客户以往修车档案来帮助进行故障诊断。

 规范二十七

如有必要，车间主管应陪同维修接待员、客户一同进行预检。

规范二十八

应将车辆环车检查的结果填入工单，并请客户确认，同时对不良的部分建议客户进行修理。

三、业务接待过程的注意事项

1. 努力做到

- 确保预约准备工作符合要求。
- 准时等候预约客户的到来。
- 用礼貌的语言欢迎客户并自我介绍。
- 仔细倾听客户关于车辆故障的描述。
- 使用车辆资料信息系统查询客户车辆的相关资料。
- 进行故障判断，并指出客户未发现的故障，必要时使用预检工位和向技术专家求助。
- 记录车辆外观和车上设备、物品、油量等情况。
- 整理客户要求并根据故障原因制定维修项目。
- 仔细、认真、完整地填写任务委托书。
- 向客户解释维修任务委托书的内容和所需的工作。
- 向客户提供维修的报价和约定交车时间。

- 请客户在委托书上签字确认，维修服务顾问签字后给客户一份副本。
- 当着客户的面使用保护装置。
- 妥善保管车辆钥匙和相关资料。
- 安排客户离开或休息等候。

2. 尽量避免

- 预约准备不充分。
- 预约客户到来时不在场。
- 没有仔细倾听客户的陈述。
- 没有系统地检查客户车辆。
- 没有进行故障诊断，简单记录故障，把诊断任务交给车间。
- 任务委托书填写不全、字迹潦草。
- 不向客户解释委托书内容。
- 不提供报价或报价不准。
- 不约定交车时间。
- 客户不在委托书上签字。
- 不使用保护装置。

任务三 维修作业

维修服务顾问待客户签字确认维修委托书后，将维修委托书交给维修车间。车间维修技术人员根据维修委托书的要求，按要求正确使用工具和维修资料，对车辆所有机械装置和车身各部件执行高质量的维修和保养，使车辆恢复出厂时的参数，达到质量要求，确保客户的满意。

要想让客户对维修企业满意和青睐，不仅要保证服务质量，还要保证维修质量。

一、维修作业的工作内容

在维修作业进行的过程中，维修服务顾问要跟进车辆的维修进度。这个过程主要是通过看板管理来完成，如图7-6所示。对于大型和中型维修服务企业，负责工作进度控制的人员是车间主任或调度员；对于小型维修服务企业，可由维修服务顾问来负责。无论何种情况，维修服务顾问都要对自己所接车辆的维修进行全程跟进。

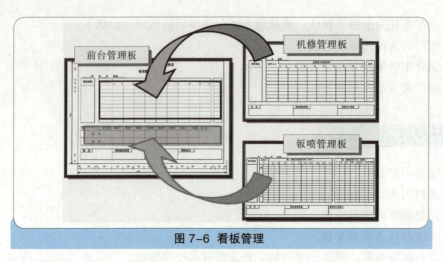

图 7-6 看板管理

维修服务顾问跟进整个维修作业流程的工作内容如下:
● 随时掌握工作进度,确保按计划准时交车。
● 能迅速答复客户关于其车辆的维修进度情况。
● 掌握维修车间的工作负荷,估算正确交车时间。
● 与相关部门联系,防止超负荷运作或积压。

二、维修作业流程与实施规范

1. 维修作业流程

维修作业流程如图 7-7 所示。

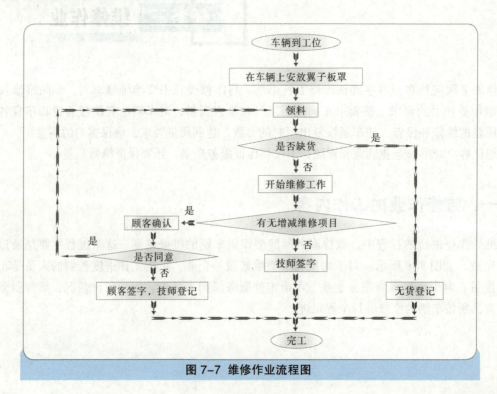

图 7-7 维修作业流程图

2. 维修作业实施规范

（1）维修派工

规范一

应设立维修作业管理看板，正确反映维修车间内主要修理进度情况，并根据实际情况进行实时调整，一般每隔一小时或半小时更新一次。

规范二

维修作业管理看板要放置在车间易于看到的位置。

规范三

车间主管分配维修任务时应尽可能满足客户的时间要求和其他要求，合理安排维修工位和维修技术员。

规范四

派工时应掌握顺序，应优先安排返修及预约车辆，普通修理则按时间顺序安排维修。

规范五

车间主管须了解维修技术员的工作量，并与之确认完工时间。

规范六

对于返修车辆，车间主管先分析返修原因，如配件、技术生产质量或工作态度。如果返修为非人为因素，应交给原维修技术员优先安排维修；如果属于人为因素，则将此项维修工作交给更高水平维修技术员来完成。

规范七

派工结束后，车间主管应及时更新看板，并及时和维修服务顾问进行沟通。

规范八

车间主管将工单和车钥匙分配给相应的维修技术员执行维修任务；必须明确修理项目，说明故障性质、维修顺序、注意事项、完成时间、需更换的配件等。

▶▶ 规范九

维修技术员凭工单到配件仓库领取配件，并签字确认，配件管理人员做好配件的出库登记工作。

▶▶ (2) 配件的车间调度

▶▶ 规范十

对维修中所需配件，库存不足需调拨或订货时，应先征得客户意见。待客户同意采取调拨或订货的情况后，及时通知配件采购员，尽快调拨或订货。

▶▶ 规范十一

配件采购员负责跟踪调拨或订货情况，在取得所需配件后及时通知业务接待员。

▶▶ 规范十二

维修服务顾问在取得待料配件到货通知后及时告知客户，说明有关情况。

▶▶ (3) 进行维修操作

▶▶ 规范十三

维修车间应备有《维修手册》、维修数据表、维修通讯和专用的维修工具等资料，使每位维修技术员都能方便正确地使用这些资料。

▶▶ 规范十四

维修技术员应仔细阅读工单，确保对工单所描述的故障有清楚的认识。

▶▶ 规范十五

维修技术员应严格按照《维修手册》的要求，合理使用专用检测和维修工具，实施正确维修作业，严禁不文明作业和违规作业。

▶▶ 规范十六

在拆装车辆零件或总成时，必须按照维修手册上的规定顺序、力矩要求进行拆装，以保证维修质量。

规范十七

维修技术员须重视修理的质量，必须采用上下道工序互检的方法，树立质量第一的观念，争取保时保质将客户的车修好，并按约定时间向客户交出修好的车辆。

规范十八

必须保证车辆在工位内才能拆解任何零件或组件。所有必须带出修车工位的零件都需注明工单号码的标识。先前工作所遗留在修车工位的组件必须完全清理移除出工位，避免影响接下来的维修作业。

规范十九

在预计时间内必须完成至少 95% 以上的维修工作。

规范二十

车辆的一次修复率应保证在 90% 以上。

（4）维修技术员操作要求

规范二十一

维修技术员汽车维修作业时应穿着干净统一的工作服，使用车辆保护垫，放置翼子板护布，以保持车辆的清洁。

规范二十二

维修技术员应严格遵守《维修手册》的要求，对维修工单上的维修或保养项目实施作业，钣金作业、喷漆作业执行特殊工种作业流程。

规范二十三

维修技术员对新出库配件必须检验合格后方可安装，对检查不合格的配件交车间主管进行质量鉴定。

规范二十四

如车辆要使用液压千斤顶举升，须使用马凳支撑牢靠，保证安全。

规范二十五

如需拆卸内饰，双手必须在保证清洁的前提下进行拆装。

规范二十六

将更换下来的旧件，利用包装装好，放在一个指定的地方，以便交车时维修服务顾问提取交还车主。

规范二十七

在维修过程中如果要拆卸蓄电池，须在完工后，将收音机等用电设备复原。

规范二十八

若有泥、水、油渍等落在地面上，须立即清理。

规范二十九

在进行车辆修理时，维修技术员严禁在维修车间内吸烟，特别是禁止在客户车内吸烟和擅自使用客户车上的音响、空调等设备。

规范三十

如车辆有多个工种维修，在本人负责维修项目结束之后，应及时完成与下道工序的交接工作。

规范三十一

对于客户遗留在车内的物品，维修技术员要小心加以爱护，以备客户提车时物归原主。

规范三十二

每天工作结束后，须清洁本人负责的设备（如举升器），并清理负责区域地面，整理工具箱，杜绝有车辆支在举升机上过夜的现象。

规范三十三

如果维修车辆需在厂内过夜，须将车辆锁好，门窗关好，并将钥匙交给专员统一进行保管。

规范三十四

对于索赔性质的修理，维修技术员在维修过程中应按照维修企业担保条例认真加以检修。

规范三十五

维修技术员在维修中遇到各种技术问题，应及时向车间主管汇报，寻求技术支持。

规范三十六

维修技术员若遇到以下情况时必须告知车间主管。

情况一：

若遇到项目更改或时间变化，应及时告知车间主管。

情况二：

若遇到由于操作不当引起的车辆损失，应及时告知车间主管。

情况三：

对于索赔性质的修理中有疑问应及时向车间主管汇报，让疑问得到及时的解决。

情况四：

完工自检后，应及时将工单及钥匙交给车间主管。

规范三十七

在完成修理后，维修技术员应完成以下后续整理工作。

后续工作一：

维修技术员对本次完成的作业进行自检，确保无四漏现象（漏油、漏水、漏电、漏气），螺栓按规范进行紧固，拆卸的附件全部安装到位，使用的工具全部收回。

后续工作二：

将客户车辆上的电台和时钟等用电设备进行复位。

后续工作三：

将更换下的旧配件放到指定处，以便在交车时由维修服务顾问交还给客户处理。

后续工作四：

将换下的索赔配件交付索赔员，以便日后归还相应的汽车公司。

后续工作五：

维修技术员应在工单上记录下修理的内容、时间、车辆今后使用方面的建议和配件更换的情况等，并签名。

后续工作六：

将剩余未使用的配件和旧配件分别保管好，向车间主管汇报情况。

规范三十八

对检查出的故障，而客户不同意修理的项目，在维修工单或合同上注明，并告知维修服务顾问，在交车时请客户签名确认。

（5）车间主管的工作

规范三十九

应及时了解车辆维修进度，并将车辆修理情况告知维修服务顾问。

规范四十

如有维修进度改变时，车间主管应及时通知维修服务顾问，以便及时使用电话或其他方式迅速告知客户，并同时调整维修作业管理看板。

规范四十一

当维修内容改变而影响客户的维修费用或交车时间时，车间主管应及时同维修服务顾问商量，做出决定，并及时告知客户实际情况。

规范四十二

当追加维修作业内容时，须通知配件主管，并委托其确认配件的库存，制作出库单，并重新制作报价单，通知维修服务顾问。维修服务顾问及时通知客户，并征求客户意见。客户同意后方可进行对维修追加内容进行作业。

规范四十三

对于索赔性质的修理中有疑问的，车间主管应将疑问反馈给维修服务顾问，并对原工单不符合之处提出建议。

▶▶ 规范四十四

车间主管负责现场的技术指导工作。

▶▶ 规范四十五

车间主管随时检查修车的质量。

▶▶ 规范四十六

当出现维修服务中心不能解决的问题时，车间主管应及时同上一级售后服务部联系，以得到相关技术人员的技术援助。

▶▶ 规范四十七

如遇到重大质量问题、发生频率相对高的问题，车间主管应填写技术报告并及时上报上级部门相关人员。

（6）维修服务顾问在车辆维修期间的工作

▶▶ 规范四十八

维修服务顾问应及时了解车辆修理状况，便于回答客户询问。

▶▶ 规范四十九

当维修进度维修内容和维修时间改变时，维修服务顾问须及时使用电话或其他方式将信息反馈给客户，同时必须向客户说明更改后的修理项目、时间、预计费用、支付方法、交车时间。在征得客户同意后告知车间主管以实施新的维修方案，并对客户的配合表示感谢。

▶▶ 规范五十

对于索赔性质的修理中有疑问的，维修服务顾问应向索赔员询问，并立即打电话或以其他方式将修改信息反馈给客户，并征得客户同意，必要时重新开具工单。

三、维修过程注意事项

1. 努力做到

- 严格按照维修工单的修理项目进行修理。
- 任何对工单的修改均需经过客户的同意。

- 发现工单维修项目与实际不符或发现客户没发现的问题，及时向维修服务顾问汇报。
- 维修服务顾问对反馈的问题，重新估算价格和时间，及时通知客户并征求客户的意见，得到确认后，更改委托书并通知车间技工。
- 车间技术员在工作过程中按照维修手册的要求操作。
- 按照要求使用专用工具和检测仪器。
- 使用维修资料进行诊断和工作。
- 维修服务顾问监控维修进程，将变化及时通知客户。
- 根据维修项目领取备件。
- 主动为客户处理一些小的故障。
- 遵守维修合同和客户约定的内容。
- 爱护客户的财产，工作中使用保护装置。
- 遵守安全生产的有关规定。
- 遇到技术难题向技术专家求助。
- 确认所有工作完成后，进行严格自检。
- 完成工单的维修报告等内容并签字。

2. 尽量避免

- 车间技工不按工单内容进行工作。
- 擅自修改工单内容。
- 发现问题不报告。
- 不按照维修手册的要求进行操作。
- 不使用专用工具和检测仪器。
- 诊断和工作时不使用维修资料。
- 维修服务顾问不了解生产进程。
- 不爱护客户财产，不使用保护装置。
- 遇到困难不向有关人员求助。
- 车间技术员完工后不进行自检。
- 车间技术员不写维修报告，不签字。

任务四 质检

车辆在车间完成维修后，经过了维修技术人员严格的自检、班组组长复检和车间主管/质检技术员的终检，维修质量得到很好保障。但是，为了确保在交付车辆时能兑现对客户的质量承诺，维修服务顾问还应该在车辆交付前对竣工车辆进行严格的交车前检查，掌握客户车辆的详细维修细节和车辆状态，确保能让客户满意。

一、质检的工作内容

维修作业结束后,必须进行维修竣工检验,竣工检验合格后再进行一系列交车前的准备工作。交车前准备工作的内容主要有质量检查、整理旧件、车辆清洁、交车前检查和通知客户取车等。

内容一:质量检查

虽说汽车的维修质量是维修出来的而非检查出来的,但是质量检查能有助于发现维修过程中的失误和验证维修的效果。质量检查也是对维修技术员考核的一个基础依据。质量检查是维修服务流程中的关键环节。维修技术员将车辆维修结束后,需由质检员进行检验并填写质量检查记录。当涉及转向系统、制动系统、传动系统、悬挂系统等行车安全的维修项目和异响类的专项维修项目时,必须交由试车员进行试车并填写试车记录。车辆在维修作业结束后,必须经过质量检验员的检验合格后,才是真正的竣工。

内容二:整理旧件

若在维修工单上注明客户需要将旧件带走,维修技术员则应将旧件擦拭干净,包装好,放在车上或放在指定的位置。维修技术员将车辆交与相关人员对车辆进行清洁。

内容三:车辆清洁

维修车辆经质量检查合格后,应该对车内外进行必要的清洁,以保证车辆交付给客户时维修完好、内外整洁、符合客户要求。车辆清洁以后要通知维修服务顾问。

内容四:交车前检查

维修车辆的所有维修项目结束并经过检验合格之后,维修服务顾问进行交车前检查。检查的主要工作内容是核对维修项目、工时费、配件材料数量,材料费是否与估算的相符,完工时间是否与预计相符,故障是否完全排除,旧件是否整理好,车辆是否清洁。检查合格后通知客户交车。

二、质检流程与实施规范

1. 质检流程

维修车辆质量检测流程如图7-8所示。

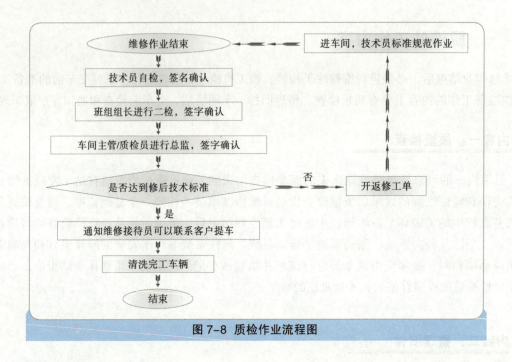

图 7-8 质检作业流程图

2. 质检实施规范

（1）维修保养质量控制

▶ 规范一

维修技术人员的自检（一级检查）。车辆维修完成后，须根据各项维修的作业内容做各项的检查。

自检项目一：

查看客户要求的各项服务内容是否完成，尤其应该认真细致地检查维修工作，检查是否存在问题。如果发现还存在问题，须及时解决。

自检项目二：

若有问题且影响到与客户的维修项目及费用或交车时间，必须及时反馈给维修服务顾问，以便及时向客户汇报。

自检项目三：

对于大修车辆，维修技术员须同车间主管/质检员进行过程检验，检测发动机主要装配数据的测量，并填写《发动机大修检验单》中的相关内容。

自检项目四：

自检合格之后在维修合同上签字确认，把检查完成事项填入管理进度看板，并与下一步质检的班组组长/质检员进行车辆交接，将工单、更换的配件、钥匙等交与该质检员。

> **规范二**

维修班组长的检验（二级检查）。

检查项目一：

按照规定必须对所完成的各个维修项目进行复检确认、更换配件的确认等，确保做到无漏项、无错项。

检查项目二：

对《接车登记表》上客户反馈的问题确认，做到检查有结果，调整有记录。

检查项目三：

对于重要修理、安全性能方面的修理、返修等应优先检验，认真细致，确保维修质量。

检查项目四：

对车辆进行运转试车，确认维修项目无四漏（漏油、漏电、漏气、漏水）现象发生，确保维修项目符合技术规范。

检查项目五：

对于转向系统、制动系统、总成部件的维修，应将注意事项在维修合同上醒目注明。

检查项目六：

当发现有问题时，必须及时采取相应措施进行纠正。

检查项目七：

质检结果须反馈给维修技术员，总结维修经验教训，为以后的维修作业提供借鉴，以提高维修技术员的技术水平，避免再次出现同样的问题。

检查项目八：

检验合格后，在维修合同上签名，并与车间主管/质检人员进行质检工作交接。

规范三

总检人员的终查（三级检查）。

检查项目一：

依据维修合同上的项目进行逐项验收，并核实有无漏项。

检查项目二：

对轮胎螺钉的紧固进行抽查。

检查项目三：

检查维修部位有无四漏现象。

检查项目四：

对于有关安全方面的维修项目，车间主管/质检员必须进行路试检测。

检查项目五：

依据《接车登记表》的记录，对车辆进行有无检修过程中人为损坏的检查。

检查项目六：

检验维修项目符合相关的技术规范。

检查项目七：

对于检测不合格项，技术总监/质检员开具《维修作业返修单》，交维修班组长重新检查和维修，直至符合技术规范为止。

检查项目八：

对完工车辆的清洁状况进行检查。

检查项目九：

做好最终检验记录，并在维修工单和合同上签字确认。

检查项目十：

将维修合同、工单交给维修服务顾问，交代相关事宜（如已更换旧件的存放位置），告知维修服务顾问车辆已修好，可安排交车。

> **规范四**

总质检合格后，总检人员将钥匙交给洗车人员，请洗车人员对车辆进行清洗工作。

> **规范五**

洗车人员洗车完毕后，车间调度员通知维修服务顾问，并将完工车辆、车钥匙和行驶证等一起移交给维修服务顾问。

> **规范六**

车间主管/质检员将维修合格的车辆移交给维修服务顾问时，维修服务顾问应对车辆的维修项目、更换的配件、旧件进行检查，确保任务的全面完成。

> **规范七**

维修服务顾问进行交车前的检查。对车辆的内外部清洗情况、车辆外观状况、"下次保养和车辆在使用过程中的注意事项提醒小贴士"进行确认。

（2）维修服务中心外的返修处理

> **规范八**

对于保修期内的车辆，客户反馈有维修质量问题的，维修服务顾问在第一时间通知车间主管/质检员，同时调出该车维修档案，供接车参考。

> **规范九**

对厂外返修车辆，维修服务顾问、车间主管/质检员应以积极的态度对待，第一时间安抚客户，将客户的不满及损失降到最低。

> **规范十**

车间主管、班组长同时会同相关人员第一时间对发生的问题进行分析，以最短的时间、最合理的方案完成返修任务。

> **规范十一**

车间主管/质检员会同相关技术员对车辆做故障检测和诊断，确认返修车辆出现的问题是何种原因造成的。如果属于人为因素，维修服务顾问开具维修合同及《维修作业返修单》，并将《接车登记表》一同交车间进行作业；若属于更换配件及附件原因的，则对问题配件进行质量鉴定，出具质量问题报告，待有关索赔人员向厂家进行相关的索赔流程。

规范十二

对发生的返修现象，技术总监及班组长认真分析产生返修的具体原因，制定相关的预防措施，并组织全体员工进行实施，并将汇总、分析、改进落实情况上报服务经理。对返修作业做到"三不放过"，即原因不查清不放过、不教育到人不放过、防范措施不到位不放过。

规范十三

维修保质期。

小修保修期：

出厂后 10 天或行驶里程为 2 000km，两者以先到者为准。

二级维护保修期：

出厂后 30 天或行驶里程为 5 000km，两者以先到者为准。

大修保修期：

出厂后 100 天或行驶里程为 20 000km，两者以先到者为准。

三、质检过程注意事项

1. 努力做到

- 审核维修委托书，确保所有要求的工作全部完成。
- 按照检验规范进行检验。
- 必要时维修服务顾问和主修技术员一同进行路试。
- 检验不合格的车辆按照程序进行处理，并及时通知维修服务顾问。
- 对检验过程中发现的问题，进行评估，告知维修服务顾问，由维修服务顾问与客户协商。
- 发现的任何问题都要记录在委托书上。
- 使用质量保证卡。
- 确保车辆得到彻底清洁。
- 及时通知维修服务顾问进行内部交车。
- 向维修服务顾问说明车辆维修情况和质量状况。
- 告知维修服务顾问有些零件的剩余使用寿命。

- 任何需维修但未执行的工作都应记录在委托书上。
- 将车停放在竣工车停车位。

2. 尽量避免

- 维修委托书上有未完成的工作。
- 不按规定进行检验。
- 对检验不合格车辆不进行处理。
- 检验中发现的问题不向维修服务顾问报告。
- 车辆得不到清洁。
- 没有及时通知维修服务顾问交车。
- 不向维修服务顾问解释维修情况和质量状况。
- 需维修但未修理的项目不记录。
- 竣工车辆乱停乱放。

案 例

黄先生是一位非常急躁的人，这天他的越野车发动机开了锅。于是他把车开到某汽车维修服务中心去修理。

经该中心的技术员检查发现是发动机气缸垫冲坏了。黄先生下午一点还要到200km外的地方谈一笔大生意，因此他希望在这之前将车修好。现在是上午九点，依维修服务顾问的经验，更换气缸垫的时间是绰绰有余的，于是答应了黄先生的要求。

黄先生办其他事去了，维修技术员马上抓紧时间干起来，一切顺利，11：20气缸垫更换完毕。试车感觉水温表指示比正常值高一点，但没有开锅。经过又一次紧张的检查，分析是水箱有小部分堵塞，这种情况若控制好车速，发动机可能不会开锅，但万一开锅呢？这时已是十二点多了，这时黄先生来提车了，维修服务顾问告诉他气缸垫更换好了，但水温表指示比正常值高一点，检查是水箱有小部分堵塞，拆装清洗水箱至少需要两个小时。黄先生一听就急了："你们怎么答应的，耽误我的大生意谁负责？不行，我先开车走，回来再修。"维修服务顾问耐心做着说服工作，告诉他这样行驶的危害。黄先生终于同意了，该维修服务中心为黄先生提供了另外一辆车去谈生意。第二天，维修服务顾问将一辆完好的车辆交给了黄先生，并再次向他表示歉意。黄先生表示满意，开着自己的车欣然离去。

任务五 结算、交车

结算、交车环节是服务流程中与客户接触的环节，由维修服务顾问来完成。

一、结算、交车的内容

在客户来之前，维修服务顾问应把结算单打印好。客户到维修服务企业后，维修服务顾问接待客户，向客户解释车辆的维修情况和结算单内容。这么做是为了尊重客户的知情权，消除客户的疑虑，让客户明白消费，提高客户满意度。

内容一：维修过程解释

如果是常规维护，维修服务顾问应给客户一份维护记录单，告诉客户下次维护的时间或里程，以及需要更换的常规件和相应里程需作业的常规项目，同时在车辆维护手册上做好记录。如果是故障维修，维修服务顾问应告诉客户故障原因、维修过程及有关注意事项。

内容二：结算单内容解释

维修服务顾问应主动向客户解释清楚结算单上的有关内容，特别是维修项目工时费用和配件材料费用，让客户放心。如果实际费用与估算的费用有差异，需向客户解释说明原因，得到客户的认同。

给客户说明完以后，引导客户到收银台打印结算单和结算。

> 结算单是客户结算修理费用的依据，结算单中包括以下内容：客户信息、客户车辆信息、维修企业信息、维修项目及费用信息、附加信息和客户签字等。客户签字意味着客户认可维修项目及费用。

结算单一般一式两份，客户联让客户带走，另一联由维修服务企业的财务部门留存，如表7-4所示。财务人员负责办理收款、开发票、开出门证等手续。结算应该准确高效，避免客户等待过长时间。

交车是下次维修保养的开始，交付客户一辆洁净的车辆非常重要。尤其是一些细节，如烟灰盒里的烟灰必须倒掉，时钟要调正确，座椅位置调正确，汽车外观的保养占用的时间很少，却能得到事半功倍的效果。"额外的举手之劳"常常会在很大程度上增加客户的满意度，体现物超所值的服务，是交车工作必须重视的。

在完成车辆离开的相关手续后,维修服务顾问应亲自将客户送出门外,并提醒客户下次维护时间和车辆下次应该修理的内容。

表 7-4 结算单

工号 NO.：_____ 客户：_____ 车型：_____ 车牌号：_____

维修类别	班组	工时费	材料费	管理费	税费	总额

序号	材料名称	单位	数量	单价	金额	备注
1						
2						
3						
4						
5						
6						
7						
8						
9						
总额		万 千 百 拾 元				¥

日期：_____ 制表：_____ 财务：_____ 复核：_____

二、结算、交车服务流程与实施规范

1. 结算、交车服务流程

结算、交车服务流程如图 7-9 所示。

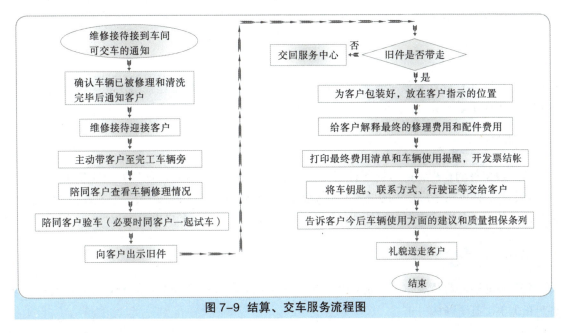

图 7-9 结算、交车服务流程图

2. 结算、交车服务实施规范

（1）交车准备

规范一

原负责接待的维修服务顾问在确认已完成维修内容以后，及时与客户取得联系，确定最终的交车时间、方式和付款事宜等。

规范二

维修服务顾问准备好维修合同、工单（对于保险修理的还需修理委托书）、结算书、报价单、旧配件、车钥匙及行驶证等。

规范三

维修服务顾问打印好有关质保条例及今后客户车辆保养使用方面的建议。

规范四

竣工车辆停放在竣工区，且车头朝向客户离开方向。

（2）交车结账

规范五

维修服务顾问陪同客户检验竣工车辆，并解释签收。

说明一：

应先陪同客户查看和核对车辆的修理情况，当着客户的面取下座椅防尘套、转向盘防尘套和脚踏垫等保护措施。

说明二：

属非索赔件的修理，应将旧零件当面给客户查看并返还给客户。如果客户要带走旧件，为客户包装好，并放在客户指示的位置（如行李舱）；如果不需要，维修服务顾问放在指定的地方，由维修服务中心负责将它们进行处理；如果是索赔件，则无须向客户出示。

说明三：

维修服务顾问应用通俗易懂的语言向客户解释维修项目内容及客户的询问。客户满意后请客户在工单上签字确认。

说明四：

向客户建议下次保养使用方面的注意事项。

说明五：

向客户确认电话回访的时间和形式，预约下次保养时间，并做好记录。

规范六

结账。

说明一：

维修服务顾问陪客户到收银台结账，同时将客户车钥匙、行驶证交车辆调度员。

说明二：

收银员必须站立，且面带微笑地为客户服务。

说明三：

出纳复核费用是否正确，并打印最终费用清单。

说明四：

维修服务顾问依据最终费用清单向客户解释各个维修项目及费用。

说明五：

提醒客户再次确认维修费用，并请客户签字确认。

说明六：

复查修理说明，确保字迹清楚、论述充分以便于客户理解。

说明七：

付款结账，须在工单上做"付讫"标记，将发票和提车联交给客户，并提醒客户点清和妥善保管。

说明八：

结账结束后收银员须向客户表示感谢，并祝客户平安。

说明九：

维修服务顾问将打印好的有关质保条例及今后客户车辆使用方面的建议交给客户，并请客户保存好。

（3）与客户告别

规范七

维修服务顾问将电话号码留给客户，便于客户发现问题时打电话反馈。

规范八

车辆调度人员将客户车辆开至业务大厅门口，并将车钥匙、行驶证交给客户。

规范九

维修服务顾问同客户到其汽车边并送客户到维修站门口，与客户道别，表示谢意，并欢迎下次光临。目送客户，直至看不到客户，方可转身离去。

规范十

交车服务（包括付费和取车时间）应控制在 10min 以内。

规范十一

送走客户后有关人员将该维修客户车辆维修资料的变更部分输入计算机，完善客户档案，并存档。

规范十二

车间主管将工单索赔联交索赔员，维修联、存档联装入客户档案袋。

三、结算、交车过程注意事项

1. 努力做到

- 确保所有进行的工作和备件都列在结算单上。
- 确保结算和向客户的报价一致。
- 使用公布的工时和备件价格进行结算。
- 确保所有客户需要的资料都已准备好。
- 由原接待的维修服务顾问进行交付。

- 向客户解释完成的工作和发票的内容。
- 陪同并引导客户交款。
- 向客户出示旧件并询问处理意见。
- 提示下次保养的时间里程和车辆使用的注意事项。
- 指出额外需要进行的工作,并咨询客户意见。
- 须立即进行的工作,客户如不修理,应在委托书上注明并请客户签字。
- 告知客户有些零件的剩余使用寿命(轮胎、制动片)。
- 将所有单据交客户一份副本。
- 取下保护用品,开出门证,送别客户。

2. 尽量避免

- 结算时项目不完整。
- 结算价格与报价不一致。
- 不按公开的价格规范进行结算。
- 不由原来的维修服务顾问进行交付。
- 不陪同客户一起检查车辆。
- 没指出须额外进行的工作。
- 须立即进行修理的项目,特别是涉及安全的项目,不做记录且不请客户签字。
- 没有送别客户。

案 例

交车时可以增加一点额外的服务

按照客户要求完成维修后,业务接待员就基本完成了工作。但是还可以多做一点点,使客户对维修接待员的关怀体贴产生深刻印象。这不会增加任何额外费用,但的确能够获得客户的好感。

在工作过程中,你可能注意到一些客户尚未察觉的问题。你作为维修接待员所提的一些专业建议,有可能防止一些故障重新发生。通常在交付维修车辆时,可以口头或以信息卡的形式提出这些建议(包括维修时已经处理过的,提醒客户今后注意),例如:

1)发现离合器盘过早磨损,则建议客户开车时不要将脚放在离合器踏板上。
2)消声器的螺栓松了,我们已帮您拧紧了。
3)驻车制动器操纵杆行程太大,这可能导致驻车制动器失灵,我们已经调整了。
4)四个轮胎的胎压都太高,这会加速轮胎磨损,所以我们已将它调整至规范值。
5)您的备胎气压只有60kPa,我们已增加至200kPa,以确保随时能用。
6)保险丝盒里已经没有备用保险丝了,建议买几条备用。
7)加速、制动、离合器踏板橡皮已经磨光了,建议更换,否则雨天可能打滑。

8）换挡杆防尘套已经破裂，车外噪声会由此传入，换上新的会安静得多。

9）千斤顶松了，在行李舱内晃荡作响，我们已将其放入固定夹中。

10）发动机罩不能平顺开关，我们已给发动机罩铰链加了润滑油。

11）车窗喷洗液喷嘴被车蜡堵住了，喷洗液喷不出来，我们已将车蜡清除了，但是以后打蜡时要注意。

以上类似的内容还可以列出很多。

任务六 跟踪回访

跟踪回访是维修服务流程中的最后一道环节，属于与客户的接触沟通和交流环节，一般通过电话访问的方式进行。较好的后续跟踪服务，一方面能够掌握售后服务中心维修业务存在的不足，另一方面又能够更好地了解客户的期望和需求，接受客户和社会监督，增强客户的信任度。后续跟踪服务是一项整体行为，高层管理人员应将其作为增强员工服务意识、改进工作作风、提高服务质量和水平的一项重要举措，要确保落实后续服务中所反映出来的问题的改进工作及事后改进的督促和检查，使其真正发挥后续跟踪服务的作用，促进服务和维修工作上一个新的台阶。

一、跟踪回访服务内容

维修服务企业应在交车之后三日内对客户进行跟踪回访。跟踪回访体现对客户的关心，更重要的是了解对维修质量、客户接待、收费情况和维修的时效性等方面的反馈意见，以利于维修企业发现不足，改进工作。

回访人员应做好回访记录，作为质量分析和客户满意度分析的依据，回访记录表如表7-5所示。如果在回访中发现客户有强烈抱怨和不满，应耐心地向客户解释说明原因并及时向服务经理汇报，在一天内调查清楚情况，给客户一个合理的答复，以平息客户抱怨，使客户满意，不可忽视。

表7-5 回访记录表

日期：_____

序号	客户姓名	车牌号	联系电话	维修单号	出厂时间	车辆使用情况	工作人员态度	工作人员效率	工作人员业务水平	满意度	意见与建议
1											
2											
3											
4											
5											
6											

二、跟踪回访服务流程与实施规范

1. 跟踪回访服务流程

跟踪回访服务流程如图 7-10 所示。

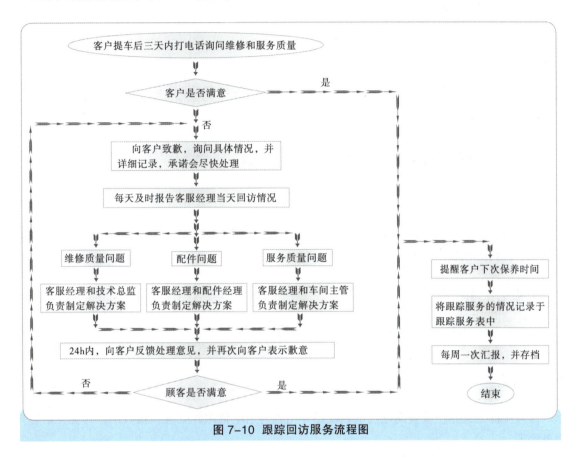

图 7-10 跟踪回访服务流程图

2. 跟踪回访服务实施规范

及时电话跟踪

▶ 规范一

维修保养后,质量跟踪员必须在客户取车后三个工作日内对维修质量和服务质量进行电话跟踪回访,开展满意度调查,并记录于售后电话跟踪表中。具体操作方法如下:

步骤一:

于交车日起三天内,给客户打电话询问车辆情况。

步骤二：

首先，向客户的来店表示谢意。

步骤三：

询问结果是否称心如意。

步骤四：

确认费用、完工日期是否满意。

步骤五：

听取客户的感想，询问有无其他意见。

步骤六：

对于深感不满的客户，必须耐心听取具体原因，电话跟踪过后及时向售后服务经理反映真实情况，共同研究改善对策。

步骤七：

电话跟踪访问结束时，须说："感谢您接受我们的跟踪访问，再见！"

▶▶ **规范二**

每天应将当天存在质量问题的电话跟踪导出到售后电话跟踪处理日报表中，并提交给客户服务经理。

▶▶ **规范三**

存在维修质量问题的处理。

说明一：

应向客户致歉，安抚客户的情绪，并承诺尽快将处理意见反馈给客户。

说明二：

客户服务中心经理应和车间主管负责制定处理意见及内部改进措施，并详细记录于售后电话跟踪处理日报表中。

说明三：

服务跟踪必须在次日再次致歉客户，并向客户反馈处理意见。

说明四：

如果客户对处理意见不满意，应再次讨论处理意见直至客户满意为止。

说明五：

对于发生维修质量问题的客户，应在返修后，再次进入售后电话跟踪服务。

▶▶ 规范四

存在配件方面问题的处理。

说明一：

客户服务中心经理应和配件经理负责制定处理意见及内部改进措施，并详细记录于售后电话跟踪处理日报表中。

说明二：

如果是配件质量存在问题，承诺尽快将处理意见反馈给客户，次日向客户致歉，并向客户反馈处理意见；如客户不同意，则重新制定处理意见；如客户同意，则与客户预约返修时间或上门服务时间。

说明三：

如果是配件价格或配件供货方面的问题，须向客户表示歉意，并承诺会尽快处理。

▶▶ 规范五

存在服务质量问题的处理。

说明一：

服务质量跟踪员向客户询问具体情况，并应根据实际情况向客户致歉。

说明二：

客户服务中心经理应和服务经理负责制定处理意见及内部改进措施，并详细记录于售后电话跟踪处理日报表中。

说明三：

对于重大抱怨的客户，次日服务跟踪员须再次向客户致歉，并反馈处理意见给客户。

说明四：

在客户档案备注中标记为重点客户。

▶▶ 规范六

在进行电话跟踪服务时，应进行定期保养提醒及提示客户可享受的预约服务。如果维修服务中心近期有什么维修服务方面的优惠活动，应提示或推荐给客户。

▶▶ 规范七

客户服务中心经理应每周向站长提供售后电话跟踪质量周报，此报告对有质量问题的跟踪服务进行汇总。

▶▶ 规范八

定期由维修服务中心客户服务经理带队，选择一定比例的客户进行上门拜访，并详细记录，总结经验，反馈给站长。

三、跟踪回访过程注意事项

▶▶ 注意一

打电话时为避免客户觉得他的车辆有问题，建议使用规范语言及规范语言顺序，发音要自然、友善。

▶▶ 注意二

不要讲话太快，一方面可给没有准备的客户时间和机会回忆细节，另一方面避免客户觉得你很忙。

▶▶ 注意三

不要打断客户的讲话，记下客户的评语（批评、表扬）。

▶▶ 注意四

交车一周之内打电话询问客户是否满意。

注意五

打回访电话的人要懂基本维修常识和沟通技巧。

注意六

打电话时间要避开客户的休息时间、会议高峰、活动高峰（上午9：00—11：00和下午4：00—6：30比较合适）。

注意七

如果客户有抱怨，不要找借口搪塞，告诉客户你已记下他的意见，并让客户相信只要他愿意，有关人员会与他联系并解决问题。

注意八

及时将跟踪结果向维修经理汇报，维修经理再与客户联系，如属服务质量问题则将车开回进行维修，属服务态度问题的向客户表示歉意，直至客户满意。这样从预约开始到跟踪结束，形成一个闭环。总之要对客户不满的原因进行分析并采取改进措施。

注意九

对客户的不合理要求进行恰当解释。

案 例

维修后跟踪服务电话的范例。

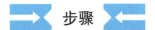 步骤   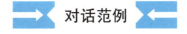 对话范例

步骤一：准备

确认你看过客户的发票/维修工单且将其置于你的面前。

步骤二：确认和你交谈的人是你要找的人

维修服务顾问：

"晚上好，我是华运达北京现代的维修服务顾问，我能找一下郭军先生吗？"

课题七 汽车维修接待的基本流程

步骤三：询问是否方便交谈

客户：
"我就是，你请讲。"

维修服务顾问：
"郭军先生，您好，我能耽误您几分钟时间了解一下您爱车的制动器的修复情况吗？"

客户：
"好，你说。"

步骤四：解释致电的目的

维修服务顾问：
"我这次给您致电，是想确认您感觉车上的制动器工作是否一切如意。过去的一周内车辆的表现如何？"

步骤五：请客户给予评价

客户：
"没问题，运行得非常好。必须承认，当发现维修后制动时车辆向左跑偏时，我非常失望。但华运达北京现代的确很即时地解决了问题。"

步骤六：要感谢客户的时间

维修服务顾问：
"我们的工长告诉我，故障的起因是制动钳活塞被卡住了。得知制动器现在运行正常我就放心了。谢谢您的时间。"

客户：
"谢谢你。我很感谢你即时致电。"

维修服务顾问：
"不客气。谢谢您。晚安！"

客户：
"晚安！"

华运达北京现代给客户留下了服务非常专业的印象，客户认为华运达北京现代非常注重其维修后的结果，并且能积极跟踪确认客户是否完全满意它所提供的服务。

思考与练习

简答题

1. 预约可分为哪两种？

2. 维修委托书的主要内容有哪些？

3. 交车前准备工作的内容主要有哪些？

4. 结算单的主要内容有哪些？

参 考 文 献

[1] 程国元,潘明明. 汽车维修业务接待[M]. 北京:化学工业出版社,2019.
[2] 唐作厚. 汽车维修接待实务[M]. 北京:机械工业出版社,2017.
[3] 王彦峰. 汽车维修服务接待(第2版)[M]. 北京:人民交通出版社,2018.
[4] 曾鑫. 汽车维修业务接待[M]. 北京:机械工业出版社,2017.
[5] 黄芳. 汽车维修业务接待[M]. 北京:电子工业出版社,2015.
[6] 李景芝. 汽车维修服务接待(第二版)[M]. 北京:人民交通出版社,2017.
[7] 赵伯鸾. 汽车维修业务接待[M]. 北京:中国劳动社会保障出版社,2017.